FAIL FAST OR WIN BIG

速败制胜

新创企业的高效成长法则

(Bernhard Schroeder)
[美] 伯恩哈德 · 施罗德◎著
江婷婷◎译

中国财经出版传媒集团
中国财政经济出版社

图书在版编目（CIP）数据

速败制胜：新创企业的高效成长法则／（美）伯恩哈德·施罗德著；江婷婷译．—北京：中国财政经济出版社，2016.12

ISBN 978－7－5095－7037－1

Ⅰ．①速… Ⅱ．①伯…②江… Ⅲ．①企业管理－研究 Ⅳ．①F272

中国版本图书馆 CIP 数据核字（2016）第 253694 号

著作权合同登记号：01－2015－7742

责任编辑：赵甲思　　责任印制：刘春年
责任校对：杨瑞琦　　版式设计：丁丁图文

中国财政经济出版社出版
URL: http://www.cfeph.cn
E－mail: cfeph@cfeph.cn

社址：北京市海淀区阜成路甲 28 号　邮政编码：100142
营销中心电话：010－88190406　北京财经书店电话：010－64033436
北京时捷印刷有限公司印刷　各地新华书店经销
880×1230 毫米　32 开　9 印张　143 000 字
2016 年 12 月第 1 版　2016 年 12 月北京第 1 次印刷
定价：48.00 元
ISBN 978－7－5095－7037－1／F·5634
（图书出现印装问题，本社负责调换）
本社质量投诉电话：010－88190744
反盗版举报热线：88190492　88190446

目 录

前 言

今天的创业者为什么要阅读本书？

这本书谈的不是关于失败的问题，而是一种如何创业的全新思维方式。在当今这个创业时代，你不可能耗费几个月的时间来撰写一份复杂的商业计划书。如果这样做，可能你的点子还没推向市场，你的商业计划书就已经过时了。你想要先在纸面上规划出一家尽善尽美的公司，然后再让这家公司去接受市场的检验。哪有这么多时间？而且现在有那么多新的资金源（如众筹）等待开发，你也不必先筹划好了再行动。

你仍旧要对市场和顾客有深刻的认识，这样你才能比潜在的竞争对手了解更多的信息，但你也必须抢在他们之前行动。你最好先推出一款最低限度可行，同时又能满足核心顾客需求的产品或服务，了解了这款产品或服务的亮点和缺点后，在运作中作出改进。幸运的是，现在有一些便捷的工具让你能够在90天甚至更短的时间内起步；毕竟，你最重要的投资就是你的时间。如果你的产品或服务不幸搁浅，那正好省下了一大笔时间让你试验新点子，用下一个点子赢个盆满钵满。

精益模式框架（The LeanModel Framework）会按照你的需要帮助你快速行动。这是我在过去的二十年间，和世界上最出色的一些人共同努力得到的巅峰成果。这群人中有我们的整合营销机构CKS|Partners的同事，他们都是专业人士。当时CKS|Partners成长迅速，通过首次公开募股（IPO）它更是加速发展，两年后以超过3亿美元的市值卖出。而其他人我是通过“公司创业”认识的，我们在那里一起工作，很快便开设了许多分部，新产品、新服务不断涌现。我还加入了由正在创业的创业者们组成的群体，这些创业公司大部分位于美国西海岸。

当公司步入正轨时，似乎人人都觉得他们早知会有今日，但是基本上没人记得成功之前那些艰苦岁月。那会儿，这些公司都是在家里、车库里、仓库里或大学校园里起步。现在回过头来看，我认为大部分成功的公司都运用了精益模式框架：创建可靠的商业模式，利用有限的资源，快速制造出最低限度可行的产品原型，然后收集顾客反馈。有了顾客反馈，公司接着便以此为中心继续发展，或者放弃这个点子。

在早年的职业生涯中，我采纳过精益模式框架背后的理念，现在我作为美国圣地亚哥州立大学拉文创业中心的项目主管，同时作为几个创业课程的讲师，仍极力推崇这一理念。在我的职业生涯中，与世界500强合作进行的前期营销工作让我坚信两点：（1）大公司行动过于迟缓；（2）我不能与行动缓慢的公司共事。因此，我转而寻找新的机会，我想要合作的是那些渴望快速行动的公司，因为它们正在抢占新的市场机遇的先机。于是，我离开了通用动力（General Motors），加入了家乐氏（Kellogg）和尼康（Nikon）的项目。它们当时正迅速地试制市场营销策略以开发新的产品或者服务，而且它们正快速地抢占市场份额。

与汽车公司合作时，我喜欢为当时规模尚小但运作灵活的公司谋划新的市场营销方案和顾客解决方案，比如说现代（Hyundai）、三菱（Mitsubishi）和马自达（Mazda）这样的公司。后来在硅谷，我面对的难题是为苹果（Apple）公司细化教育市场定位，为成长中的耐克公司确定线上营销策略。还有一个难题是帮助威德默（Widmer）将其产品以瓶装形式推向全美，当时它还只是一家地方性的小型手工精酿啤酒公司。

在选择与这些灵活而运转快速的公司合作时，我发现那并不是因为我或者我的自负。发现市场机遇并通过快速行动大获成功的信念让我不断进步。我也热爱和那些为了争取大获成功而敢于适当冒险的人一起工作。

我曾与许多出色的公司合作，其中既有大公司，也有小公司。除了拥有富有感召力的领导者以及通常是非常赞的企业文化之外，你知道是什么让这些公司出类拔萃吗？是它们强烈地意识到了它们有一个意义非凡的目标和一种使命，但是为了完成这一使命，它们必须迅速行动。它们认识到，行动过于缓慢将陷它们于失败的境地——要么失去市场份额，要么无法长远发展。换句话说，它们的核心信念就是，如果不快速行动，它们难逃失败终局。

让我再举几个例子来说明精益模式框架是如何体现的。在20世纪90年代早期，我接受了一项任务——带领团队去和一家名为迈克菲（McAfee）的小规模创业公司合作。这家公司的产品是杀毒软件，但是当时的市场由几家大型软件公司主导，迈克菲不过是这个市场中一家不起眼的小公司。在考察几种可能采取的策略时，我们注意到各家公司的IT经理总是在BBS

上寻求更多的信息或支持。这些开放的计算机平台能让人们互相联系，并分享信息和软件解决方案。因为这家创业公司没有财力通过传统的发布渠道包装和分销自己的软件，因此我们建议他们将自己的软件上传到 BBS 上，免费发布产品 30 天，接着当某些公司 IT 部门的员工使用了迈克菲的软件之后，就向这些公司收取软件购买费用。这一举措获得了惊人的成功，它创造了一家今天营收达 20 多亿美元的公司。更重要的是，这家公司的商业模式和分销方式颠覆了传统的软件销售和购买方式。

在互联网时代的早期，还有另一个能够帮助一家公司认清自身商业模式的机遇。我们会见雅虎（Yahoo！）创始人的时候，他们还在斯坦福大学上学，那时他们利用大学的服务器运营雅虎网站最早的版本，那真是一个穷酸无比的创业项目。老实说，那时候我们真的想不出雅虎的商业模式（尽管他们的网站已经开始有很大的访问量了）。我们的确能注意到的是，从用户界面的角度来看，雅虎网站的设计不尽如人意。公司的商标非常不显眼，不仅如此，由于网站的链接过多、导航设计不合理，用户几乎不可能实现快速搜索。

当时雅虎的资金还十分匮乏，他们向我们寻求帮助，但是仅能以股份作为酬劳，我们答应了。我们重新设计了用户界面，大幅度修缮了网站设计。在接下来的六个星期里，我们设计了一个更强大、更简洁的用户界面，它的逻辑性更强，排版更加清晰明了。但是当时每个人对新旧版本的设计都有不同的看法。每个人都很紧张。我们说服创立者同意让用户来做决定。因此，交替的网站访问者会看到新版网站。而当他们下一次再登录网站的时候，就会切换回旧版的网站。此时，他们需要投票选出二者当中导航更便捷的网站设计，在最开始的 72 小时里，超过 5 万网站访问者参与了投票。其中大部分人把票投给了新版网站，这让网站的创办者很是惊愕。因此我们正式发布新版网站，雅虎自此开始腾飞。随后我们开始改进雅虎的商业模式，为其加入了搜索功能，最后还加入了广告模式。

这种让顾客来测试产品并收取反馈的想法十分重要，我称之为“*顾客真理*”。顾客并非永远是对的，但是他们从来不是错的。

我在 20 世纪 90 年代中期的一些经历反映了精益模式框架的核心，我对这段经历至今记忆犹新。一天，有一家创业公司——这家公司我从未听说过——的创始人给我们位于俄勒冈州波特兰市的代理公司打来了电话，他希望寻找营销机构以及战略伙伴来帮助他发展自己的企业。六个月前，他刚刚上线了一个颇为粗糙的网站（最低限度可行的产品），和用户之间也获得了某种牵引力。因此我的创意总监和我都同意会面，会面的地点距离我们的办公室也不过是 3 小时的车程。但是在我们驱车前往那家公司的路上，遇上了倾盆大雨，天气十分糟糕，我开始有些后悔自己的决定了。

当我们到达对方公司的时候，我的直觉告诉我赶紧离开，那是西雅图一个声名狼藉的地方，这家公司就位于一片荒废的仓库区内。我们走进仓库，那里根本就算不上是一个真正的办公室，所有员工聚集在一个大房间里办公。水从破漏的屋顶上滴下来，还有一条狗四处溜达。他们的办公桌就是规格二乘四的门堆叠在一起。看起来绝对是没人在任何东西上花费一分一毫。接着我们就和创始人见了面。他给我们介绍了过去六个月以来公司的进展情况以及对我们的诉求。他需要我们做的还真是很多。

他们的网站一直在运行，公司日常运营也正常，每天都会有新的订单。但他们需要更清楚地了解他们的目标市场。接着他描述了自己的宏图伟业。他的策略是通过销售某种产品积累一定数量的顾客，一旦上述目标实现，就可以将不同种类的产品销售给这一顾客群。

坦白说吧，最开始我并不看好这个远大计划。但是真正吸引我的是，这个公司的运营极度精打细算，而且这个公司对于提升自己的商业模式有着极大的野心。我们的这次会面棒极了。最后，创始人问我们，是否真的想要改变这个世界。说实话，我当时并不理解他话中的深意，尽管心头有一丝疑虑，我还是相信这个创业公司会快速行动起来。我不知道它最后能否大获成功，但是基于创始人快速抓住顾客的策略，这家公司要么迅速壮大，要么极速消亡。

在开车回办公室的路上，又是 3 个小时的瓢泼大雨，但我们两个人都觉得刚刚参与了一个即将揭示互联网有用性与潜力的会议。此役非胜即败。当他一周后再给我们打电话的时候，我们告诉杰夫·贝索斯（Jeff Bezos），我们愿意跟他合作。如果你也准备好了，要么快速消亡，要么大举成功。那么，请继续阅读这本书吧！

Chapter 01

商业计划书的终结

若想销售产品，制作出产品即可。若想销售服务，做好服务即可。若想创办公司，创立一家即可。以往从来没有一个时代像我们如今生活的这个年代。

“快速行动，打破常规。除非你已在打破某些常规，否则你的行动就还不够快。”

——马克·扎克伯格（Mark Zuckerberg）

新产品与服务正以迅雷不及掩耳之势涌现，在我们尚未察觉的时候，新产业正以极快的速度兴起，而等我们察觉过来，新产业已经颇具规模了。数字音乐的兴起促进了 MP3 播放器的发展，MP3 播放器很快成为另一新事物——智能手机的一个功能。智能手机随后又催生了几十亿美元的手机壳与手机配件业。而这较之于移动应用程序发展的规模和机遇，简直是小巫见大巫。

环顾你周遭的新产品与新服务，有机食品、健康服务、基于GPS的技术和产品、时租车，例如Zipcar[①]、即行（Car2Go）[②]以及类似的产品、服务，各公司推出、试行服务的速度较之原来已大幅提升。作为一家企业，你必须承认*速度之于市场*是新的常态，而*快速*仅仅意味着更快地从仿佛没有而又无处不在的机遇中汲取力量。这本书会告诉你如何快速行动，如果你有某些足以成立一家公司的特质，应当如何学习，又或是怎样逐步发展、专注或者放弃某个念头。

不过，你要怎么开始？你要写商业计划书？还是创建商业模型？抑或是寻找投资？你该从哪项着手呢？为了了解初创企业的生态系统和对速度的需求，让我们一起来看一下过去的流程，探讨一下为什么这一模式现在已经不奏效了。

---

① Zipcar：美国最大租车网站。

② Car2Go：即行，“Car2Go”项目是国际知名豪车制造商戴姆勒旗下的汽车共享项目，主要采用奔驰 smart 组成单程、自由流动式汽车即时共享体系，租车人无须在指定地点租车还车，租车用车更为便捷、灵活。

什么是商业计划书？

商业计划书是一份正式的陈述文件，内容包括商业目标、商业目标可行性、达成目标所需的步骤，也许还要描述正尝试达成目标的团队或组织的背景。商业计划书是非常正式的书面文件，一份极为详尽的商业计划书大约在25~40页。商业计划书的核心内容可能包括以下几项：

- **摘要。**第一部分是简要概述你的商业计划书。尽管摘要应当简短，但是也务必写好。你的目标是引起读者的兴趣，这样他们才会想深入了解你的计划。尽管这是第一部分，你也可以考虑在完成商业计划书所有细节内容之后，最后再写这一部分，因为此时你能非常清晰地概括出你的想法。
- **公司介绍及使命。**这部分讲的是公司的长期愿景，应当解释你们是谁，计划如何运营以及目标是什么。
- **产品或服务。**这一部分清晰地阐述你销售的是什么，重点介绍顾客利益。它还应当包括供应商、产品或服务成本、预期销售收入等的详情。

- **市场与竞争对手分析。**这一部分需要描述你所在的行业以及市场的情况、竞争对手、主要趋势、对潜在顾客的深刻洞察，同时你也要提出自己的建议。
- **策略及推行。**这一部分需要阐述销售、营销策略以及具体的方法，除此之外，还应当写明商业运作的主要元素。
- **组织架构及管理团队。**在这一部分中，你需要列明公司的组织架构，明确公司所有者、管理团队以及董事会。
- **融资计划及财务预测。**这是商业计划书的最后一部分，应当和一个能够帮助你一起进行以下内容的人共同完成，包括融资计划、收益表以及你的商业模式所需要的其他融资文件。

我写过很多商业计划书，也审阅过成百上千份别人制作的商业计划书。不管你认为写出一份可靠的商业计划书需要花费多长时间，实际上为了呈现那些你想要出具的繁多细节和调查数据，最终你花费的时间和努力总是原计划的两倍甚至三倍。

不论你怎么认为商业计划书是为你自己而写的，事实上它都不是为了你。写作商业计划书对于你规划和理解自己潜在的事业大有裨益，但是这个计划书本身是写给别人看的，是给那些可能会成为你的合伙人、雇员或者投资者的人看的。

谁需要商业计划书？

几百年来，不断有创业者成功创办、经营新的公司。最初他们为了起步和发展，会向朋友、家人寻求资金帮助。如果他们有抵押物，可以申请银行贷款，在以后的时间里，创业者要连本带利地还清贷款。后来，在20世纪60年代，风险资本家发明了一种全新的创业方式，这种方式可以用以下公式表述：

创业者机遇＋商业计划书＋风险投资＝新公司

为什么会有这个公式呢？因为公司经理、科学家、研究人员以及那些在后来我们称之为硅谷的地方创办第一批技术公司的工程师们，都没办法获得银行贷款。

风险投资者获得的是股份而不是利息，但是像之前的银行一样，他们也需要看到一份详细的商业计划书，以便更好地了解机遇以及防备可能失败的风险。渐渐地，至少在硅谷，有潜力的创业者在掌握创办新公司的关键要素上变得“经验十足”：方法就是提出一个拥有巨大市场的不凡想法，写下详尽的商业计划书，接着向风险投资家推销自己的商业计划书以获得所需的启动资金。

真正令人惊叹的是接下来所发生的事情。20 世纪 80 年代，美国的大学，尤其是 MBA 课程，都开始采用这种创办公司和获得资金的模式，并且开始在本科和硕士课程中教授商业计划书的写作以及风险融资的运作。与此同时，创业教育开始在大学校园内加速发展。因此，这种在 20 世纪 60 年代兴起的新奇概念经过几代人的发展，已经成了基本常识。

然而，现在这仍然是明智的做法吗？你真的需要写一份详尽的商业计划书吗？商业计划书是否仍然有价值？让我们来看一下商业计划书的优势与劣势。

传统商业计划书的优势

1. 有价值的市场调研。判断创业计划是否可行的最佳办法是看它在纸上如何呈现。商业计划书之所以都遵循一个相当标准化的格式，是为了发现任何可能遗漏的部分或可能存在的威胁，也是为了让你能够有计划地应对当前的机遇。你确实需要了解行业、市场、潜在的顾客与竞争者。

2. 关键成果。随着你的日常活动日渐增多，商业计划书能够提醒你那些可能对创业成败起关键作用的重大事件。稳固的计划过程也能确保你一直沿着自己的计划前行。

3. 筹集资金和投资者。如果你的创业机遇需要借钱或者吸引投资才能够进一步发展，那么你很可能需要某些书面文件或者展示。如果你不能向银行或者投资者说明你将如何使用他们投资的款项，也无法告诉他们何时能开始创收，银行和投资者会非常紧张。商业计划书在某种程度上舒缓了每个人的紧张情绪。

4. 制订预算与现金流。大部分创业者在创业之前，可能都向越来越多的投资者或亲友借过钱，当然也有人没有这样的经历。尽管从来没有人是完全准备充分的，但是制订预算的过程还是让人有了一点现实感。制订预算的过程能够暴露出一些隐藏的成本，让你注意到需要精心管理以保证现金流的地方。

5. 雇员和目标。如果要让合伙人和雇员帮助你发展企业，你就要让他们明确地了解企业和未来的目标。商业计划书能帮助雇员了解公司的进展，也给投资者一颗定心丸，让他们知道自己入股的项目正按期、按计划进行。

传统商业计划书的劣势

1. 你什么都没卖出去。商业计划书本身就是个项目，它需要花费大量的时间、付出极大的努力、拥有极好的专业知识才能够完成。与其花费时间写一份三四十页的商业计划书，为何不直接开始销售产品，与主要的分销商达成协议，从顾客那里获得重要的反馈呢？

2. 浪费时间和“完备的”资金。我们读过多少把机遇描绘得天花乱坠、调研报告看起来完美无瑕、预算和财务预期看似无可挑剔的商业计划书？然而现实是，计划书一写完，其本身就已经面临着重重困难了。市场状况、竞争对手、顾客都不会一成不变，也不会按你的计划进行。你制作的电子表格有多少是能够实际产生订单的？

3. 灵活性与改变是必要的。即使你把每个可能性都考虑到了，并且事无巨细地规划好了，但是你没办法预测未来。通常，正是那些能够快速反应的创业者决定了哪些公司能够成功，哪些公司会失败。僵硬地固守商业计划书就会导致公司走向失败。

4. 纸上谈兵。道理很简单，在将你内心的想法投入市场检验之前，你根本不知道它是否会成功。商业计划书可以让你信心满满，但只有当你真正开始经营你的事业，才会知道自己的想法是否能够成功。

总而言之，你没有那么多时间来琢磨出一套完美的假设，更不可能单凭假设拿自己的想法去冒险！你需要进行销售，收集顾客的反馈，这样才能不断修正自己的方向，继续前进。作为一个创业者，你的事业并不是撰写商业计划书。

这个模式在今天看来有什么问题？

在过去的50年间，这个模式大行其道，但现在它已经出现了很多问题。

第一，当今世界，创业者的机遇已大大增加，因此现在是机遇比传统投资者多。同时，更多个人投资者在选择创业项目时会考虑所有领域，而不再局限于科技行业。传统风投有没有可能投资一个玉米卷摊位？很可能不会，但是那也阻挡不了Chipotle（墨西哥式快餐）成为一家成功的公司。有一些新的创业公司行动非常迅猛，并且几乎是一投入市场就能够营收。他们需要投资者的资金吗？很可能并不需要。

传统的创业模式是先寻找市场机遇，
再撰写商业计划书并向风险投资者推销，
这种模式现在已经失效。

第二，新市场的出现往往只在旦夕之间，你要冒着市场窗口关闭的风险，而花六个月的时间写一份详细的商业计划书，然后再寻找投资者吗？答案当然是否定的。

第三，商业计划书在完成的那一刻就已经过时了。开创新的企业必然要做市场调查和计划。诚然，在这一方面撰写商业计划书极为有用，但是在撰写商业计划书的几个月时间里，市场环境已经发生翻天覆地的变化了。行业、市场、目标顾客、新的变革、你的竞争对手、你的团队、与产品或服务相关的成本、投资者的兴趣点，诸如此类，所有这一切都已然不同了。

第四，也是最重要的一点，商业计划书最大的缺点就是它耗费了你太多的时间去试着预测成功，其实这可能也是你用来失败的时间。

关于这一点，*失败并不是坏事*，纽约扬基队在 1998 年创造了单赛季最高的胜场记录，但他们还是在几乎 1/3 的比赛中落败。而职业生涯中打击率最高的棒球手泰·柯布，他的失败率也高达 0.633。赛·扬是大联盟史上的最多胜投手，他的失球数量也高达 316 个，他丢的球比其他任何一名投手（除了 15 个投手）的胜球数都要多。你怎么看他们的失败?

"25% 的新企业第一年都会失败……
到第十年，失败率就高达 71%。因此，失败要趁早。"
——考夫曼 2012 年研究

或许我们还得"赞颂"失败，这样人们才不会因失败而感到耻辱。事实上，也根本谈不上耻辱，那都是你内心的想法。随便拎出一个多次创业的人，他十有八九都经历过好几次失败。你和这个创业者有什么不同？他并不在乎成败。他们宁愿满怀热情地追逐自己认定的事情直至失败，也不愿意找一份朝九晚五的工作，做一些对他们来说无聊或者没有获益的事。

确实有 25% 的企业在开始的第一年遭遇了失败，但还是有 75% 的企业成功了，请把眼光放在成功者身上。

撰写详尽的商业计划书，随后向投资者推销，然后获得投资，这一传统的套路或许永远不会完全消失。对部分公司而言，投资者在其创业生态系统里仍起着举足轻重的作用。但是对未来大部分创业机遇来说，精益模式框架会为它们的成功提供强大的保障。以极有限的资源迅速启动，建立商业模式，快速制作产品或者服务的原型，用众筹的方式筹集资金（如有需要），接着利用顾客的反馈，上述模式将带你快速失败或成功壮大。下一章将介绍这个模式的运作方式。

创业者洞见

大约两年以前，我和一个年轻的创业者安德鲁一起工作，他当时正尝试搭建一个网上营销咨询平台，专门做小企业的搜索引擎优化（SEO），以此获取收入。大约一年以后，因为销量不佳，安德鲁依旧经营困难，为了提升销量，他重新设计了网站。接着他定制了代码，开发了几种软件工具来自动运行网站上的一些任务。出乎意料的是，一些软件开发者开始给他发邮件，说想要购买这些工具，预想中的潜在顾客倒还没什么动静。那个星期，他想出了打包和销售这些软件工具的方法。第二个星期，他又重新设计了自己的网站，专门销售软件解决方案。第一个星期销量是50单，第二个星期销量就达到了100单。安德鲁的网站现在平均每年盈利超过七位数。秘诀是什么？快速行动。倾听顾客。

关键点

创造最低限度可行的产品，采用精益模式框架，准备好利用顾客的反馈不断重复、更新或者专注于产品或者服务。善于倾听，快速行动。

Chapter

02

新方法：精益模式框架

每一个时代都有推动创业的独特元素。而当今这个时代，推动创业的元素是众多新工具和新资源，这使创立新公司比过去更快捷，并且几乎没有投资风险。云计算工具，如 Shopify[①] 或 Big Commerce[②]，可以让你在一周内建立一个电子商务网站，你可以用它们来测试产品或服务在目标市场上的销售和反响，而每个月你只需要花费 35 美元。应用软件编写工具能够帮助你快速开发出移动应用软件，接着让顾客来进行测试。

“你不是靠着遵循规则才学会走路的。

① Shopify：加拿大电子商务平台，成立的初衷就是为中小企业搭建简便快捷的电子商务渠道。

② Big Commerce：澳洲软件公司，电子商务服务提供商，帮助小型企业处理在网上开店的所有事宜。

你是在不断练习和摔倒的过程中学会走路的。”

——理查德·布兰森（Richard Branson），维京集团创始人

农贸市场、独立商店、快餐车、新式书报亭、自动贩卖机，这些都可以让你以较低的风险迅速检验自己的想法。新的众筹平台让你几乎不需要冒任何风险就能筹集到资金。不要优哉游哉地反复分析市场机遇了。快速行动才是关键。

此外，婴儿潮时代出生的人、X一代[①]以及千禧世代[②]，这三个非常不同的年代群体的不同需求塑造了几个不同的市场，推动了多个产业的增长，同时出生在这些时代的人们逐渐意识到，商业活动已经今非昔比了。婴儿潮出生的人退休时间延长（不管自愿与否），同时积极寻求能够施展自己技能和经验的途径。X一代对自己的事业都已经有很深的专研，上一代人需要艰苦奋斗才能获得“稳定的工作”，而他们这一代人已经不再需要担心这个问题了。“追随内心的激情”这种可能性越来越吸引人。千禧世代无法想象以前的世界，那时候人们可以在同一个地方工作40年，而他们40个月都不能接受，但是他们想要

① X一代：指出生于20世纪60年代中期至70年代末的一代人。

② 千禧世代：是人口统计学家用来描述出生于1980到2000年的一代年轻人。

昨日的一切。他们已做好充足的准备利用新的创业工具，而拼图游戏的最后一块拼图，就是向精益模式框架思维的一个简单转变。投资世界也准备好了接受这种思维。

我在圣地亚哥州立大学开设了几门创业课程，其中一门研究生课程是教学生怎样围绕一个想法撰写商业计划书或开发商业模式。2009 年，我一直关注创业者的市场（风险投资者、天使投资人以及创业者），我察觉到创办公司的传统模式，也包括详尽的商业计划书，已经逐渐变得无关紧要了。撰写商业计划书的“规划过程”并非已经毫无价值，它仍旧是有意义的。只是在创业的初始阶段，创业者需要了解和获得顾客的反馈，此时时间非常宝贵。而写一个没有人真的想看的创业计划要花费几个月甚至一年的时间。其实投资者，甚至未来的合伙人，只需要听你简单地概括当下的机遇即可。

红杉资本（Sequoia Capital）[①] 是硅谷最为成功的风险投资公司之一。他们要求未来的创业者们控制展示的时长，重点介绍有助于理解他们所推介机遇的最关键信息，并要求他们在展示时采用一种幻灯片模板（这非常有效地限制了一套幻灯片上

① 红杉资本：于 1972 年在硅谷成立，曾作为第一家投资机构，投资过甲骨文、雅虎、领英等公司。

所能呈现的内容）。用他们的话说就是，“我们希望商业计划书能够用尽量少的文字表达出丰富的信息。（我们的）商业计划书的模板就是一个由15~20张幻灯片组成的展示，只要这样就足够了。”

这是红杉资本的商业计划书模板，也就是他们对幻灯片展示的要求，由此他们可以获得自己认为重要的内容：

公司目标

问题及解决方法

为什么是现在？

市场规模

竞争

产品

商业模式

营收模式

团队及资金状况

这比传统的商业计划书简洁多了。

布拉德·菲尔德（Brad Feld）是一个创业者，同时也是一个风险投资者，他对商业计划书的价值是这么看的："1997 年我开始进行风险投资，这时我已经不再读商业计划书了。从那以后，我也再没有读过商业计划书。它们已经变成历史遗物了。"一些行业专家和创业者都抱有这种观点。

精益模式框架才是未来

这么看来，与其花费几个月的时间来撰写商业计划书，然后再寻找可能已经不会再给你投钱的投资者，还不如采用精益模式框架。精益模式框架是由四个各不相同又相互支撑的元素构成的：有限资源、商业模式、快速制作原型以及顾客真理。见图 2.1。

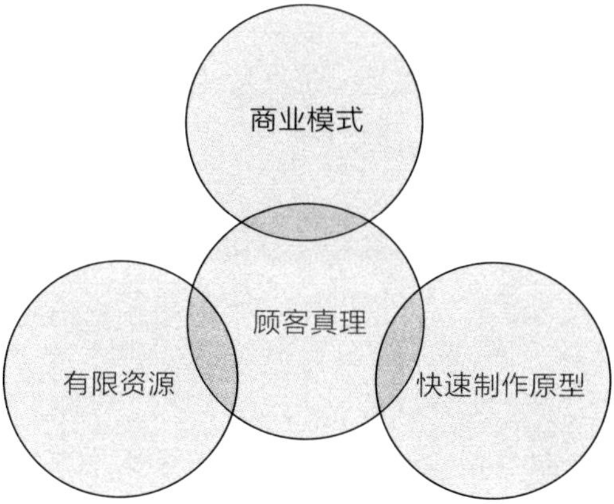

图 2.1 精益模式框架

让我们依次看一下这几个元素：

- **有限资源**：相信“少即多”的思维模式；尽己所能利用一切资源，让你的公司尽可能高效俭省地起步。
- **商业模式**：花时间来真正地理解市场状况、目前的趋势以及你的目标顾客群，然后打磨出不仅符合常理，更能赚钱的商业模式。
- **快速制作原型**：如果你坚信利用最少的资源快速行动，那么请用同样的思维模式来开发最低限度可行的产品或服务，这能让你尽快让它接受市场检验。
- **顾客真理**：选择正确的目标顾客群固然十分关键，但听取和收集潜在顾客的反馈也同样重要。在考虑应该重复自己的想法或者以这个想法为中心行事甚至放弃你的想法的过程中，顾客的反馈经常能让你豁然开朗。

为了能够行动更快、利用市场机遇，当今的创业者需要接受这个新的创业模式。因此，开发一个可靠的商业模式，快速制作产品或服务原型，让其在市场上接受顾客检验，利用更少的资源，或许还要利用众筹来筹集快速进入市场所需要的资金，这一切都会让你事半功倍。你将获得顾客的反馈，基于真实的信息而非预测作出调整，继续快速前进。

如果精益模式框架对创业者而言是火箭箭体，那么在第七章，我会给你它的燃料——众筹。但是现在，让我们来看一下，你应该如何让值得追求的机遇显现出来。

创业者，要有好奇心

作为一个潜在创业者，对于潜在的产品或服务要时刻保持一种近乎*疯狂的好奇心*——这种好奇心会驱使你去探究和调查产品或服务的潜在顾客、潮流趋势、市场状况。接下来，我会介绍应当如何根据他人的经验来开创自己的事业；这个建议会帮助你收集更好的信息，没准这些信息就真的能让你扬帆起航：

1. **了解真实市场。**举个例子，如果你对宠物行业有一个想法，那就要去走访宠物商店，把它们目前提供的产品和服务仔细记录下来。还要浏览宠物养护服务网站，看看它们的主要特质是什么。

2. **与顾客交流。**你尽可以成天在网上和当地大学图书馆里做调研，但没有什么比直接与顾客交流更能获得灵感了。你要到商店外面去，在街上进行调研。再或者直接去遛狗公园或寄宿狗舍。了解关于什么是人们想要的和找不到的东西。

3. 拜访竞争对手。如果可以的话，拜访你潜在的竞争对手，看看他们是怎样运作的。如果你有时间，可以去竞争对手的公司工作，这样会学到更多。不仅要了解什么应该做，更要知道什么不应该做，因为这关系到顾客及商业模式。

4. 了解关键趋势。关注当下可能影响市场或顾客的事。除了通过调查和趋势追踪获得关键的灵感，还可以考虑通过参加相关活动和贸易展会来了解更多。

5. 检验你的想法。想办法检验你关于某产品或服务的想法，哪怕这个产品或服务还只是一个产品原型或早期产品。想要做快餐车生意？那就开个墨西哥玉米卷的小摊位，让真实的顾客来测试你的产品；想开一间寄宿狗舍？就先做遛狗或看狗的生意，多学习学习；想用纯可再生资源制作新太阳镜？可以先从当地或海外制造商那里订 500 副，然后把这些眼镜卖给当地的精品店，或者建个网站尝试进行线上销售，利用搜索引擎上的关键词来定位你的产品，使其能够吸引目标顾客。不断学习并进行调整。

很多公司进入市场后开始销售产品，以此观察市场或目标顾客是否已经准备好并愿意尝试能满足他们需求的其他产品。“即行”是一种时租车服务，它起步于得克萨斯州奥斯汀的一次市场测试。市场测试成功之后，负责的经理就开始考虑下一步应在哪个城市进行测试。他们做了调研，考虑了几个有潜力的市场。尽管如此，还是没有任何决定性的数据能为他们指出哪个城市更合适。于是他们决定先在加利福尼亚州的圣地亚哥进行小规模运营。当这一举措成功之后，他们开始在圣地亚哥扩大规模，而现在他们已经在其他市场运营了。

换言之，调研能够告诉你的十分有限。你不得不进行测试，以判断你的“市场时机”是否适合一种新的产品或服务上市以及你是否已经定位了正确的目标顾客群体。如果没有，就调整自己的想法，甚至放弃这个想法。如果你已经开始上道，那么就要发掘加速发展的方法。不管现在处于什么阶段，你都应该尽快行动起来。你没有时间写一份长达 30 页的商业计划书。你需要做的，只是为潜在产品或服务开发一个商业模式，然后去验证它。

商业计划书已死，商业模式万岁

大约四年前，一个创业教授联系到我，问我是否听说过一本新书，他最近碰巧读到这本书，而且已经把它用在自己的社会创业课程里了。我当时还没有读过。那本书叫《商业模式新生代》（*Business Model Generation*），作者是亚历山大·奥斯特瓦德（Alex Osterwalder）和伊夫·皮尼厄（Yves Pigneur）。他给了我一本，还告诉我书里介绍了一个名为“商业模式画布”（business model canvass）的工具，能够帮助创业者快速创建商业模型原型，并用目标顾客迅速检验其是否有效。

“有多快呢？”我问道。

他告诉我，“我让学生围绕一个机遇创建了一个商业模型，从 100 个潜在顾客那里获得反馈，并在大约六个星期的时间里不断重复这个商业模式。”我马上读了这本书。

很长一段时间，我觉得商业计划书非常繁复冗长，可又苦于没有新的解决方案，而这种新工具出现得正当其时。它只需要九个关键的商业模式元素，就能够快速确定新机遇的特征，这些只要一张纸就可以解释清楚。选择传统商业计划书还是一张纸的商业模式工具？哪一种看起来使用更简单？通过哪一种方式你可以在运营过程中根据顾客的反馈随时改善？当然，一些专家会争辩说，这只是一个简单的工具。但是这种简单的工具不正是创业者所需要的吗？它能帮助他们专注于产品或服务，让他们更快地行动，以看清是否有机会大获成功。这类工具让创业者能够尽快开始创业。如果他们需要向红杉资本等对象描述他们的机遇，他们可以阐述自己所了解到的情况，描述机遇的大小，规划市场规模，讲述新近获得的教训，宣称自己很能赚钱。所有这些都只需要 10~15 张幻灯片。

你的项目有商业模式吗？

我遇到过不少创业者，他们就是不肯花时间从商业模式的角度来想清楚创业机遇的内在运作模式，而这正是精益模式框架最重要的部分。在下一章，我会完整详细地讲述商业模式及其主要元素，但是现在我会简要地讲几个关键元素，你在为自己的创业项目打造和复制商业模式时，可以从这几个方面进行思考：

- **关键目标顾客群**：即商品或服务所瞄准的单一或多个目标群体。
- **价值主张**：即产品和服务传递给顾客的独特价值。它要回答的问题是："我们要帮助顾客解决什么问题？"
- **分销渠道**：你要确定将产品或服务送到潜在顾客手上的主要分销渠道（例如：线上直销、零售、电子商务伙伴等等）。

- **顾客关系**：你应该思考怎样和顾客建立联系以及怎样与他们保持长期的关系。如果你是在处理两个以上的顾客群体，你会发现每个顾客群体所需要的关系类型都不一样。关键的问题是“你想要顾客怎样评价和体验你的产品或服务？”
- **收益流**：你需要找到从产品和服务中获得利润的方式（例如：线上销售、零售、合作伙伴的非直接销售、授权等等）
- **关键资源**：即运作商业模式所需的最重要的资产，同时也是商业模式其他部分运作的关键。你创办和运作企业所需要的关键资源是什么呢？
- **主要活动**：即运作企业的过程中至关重要的活动。你可能需要完成某些任务，雇一个关键人物，签订一份重要合同等等。
- **主要合作关系**：这部分描述了你的供应商及合作伙伴的关系网，他们能够让你的企业正常运作。他们可能是一家主要的制造供应商、一家主要的分销商、一家主要的技术公司，诸如此类。
- **成本结构**：这包括了直接（与产品或服务直接相关）和

非直接（与公司运作相关，如雇佣员工、房租以及其他日常费用）的成本。

你除了要明白这个世界已经永远改变了，以及速度对于市场而言极为关键，重要的是要接受精益模式框架的所有元素（有限资源、商业模式、快速制作原型以及顾客真理），这样你才能够利用机遇，快速行动，或许能够建立一家了不起的企业。

欢迎你来到这个未来！

创业者洞见

大约18个月以前，一个名叫邓肯的创业者向我寻求帮助，他刚刚开了自己的第三家移动公司。他想开发一款基于14~20岁年轻人思维方式和行为习惯的手机应用。他已经做了大量的调查工作，了解了市场状况，而且记录了主要的趋势。他不想在还没有和顾客进行任何交流之前，就花25万美元来开发一款应用软件（包括苹果版和安卓版）。

“你还没有把应用软件做出来又谈何测试呢？”我鼓励他用HTML（像网站一样）设计这个应用软件，模仿出它的主要功能，然后用 iPad 在在校生中测试这个应用软件。通过用 iPad 赠品来做推广，他鼓励了大约 300 个学生来“玩”这个应用软件。

根据学生的反馈，邓肯完全改变了这个应用软件的特征、功能以及设计。现在这款应用软件已经面世并发售，第一年就获得了超过 200 万的下载量。

关键点

你要做的不是撰写商业计划书。你需要采用精益模式框架的思维模式，愿意了解关于你的市场机遇的充足信息，以便你能在市场中测试自己的产品或服务。与其花 5~7 个月来写一份商业计划书，不如拿出点东西接受检验。

Chapter

03

想法虽好，商业模式才是王道

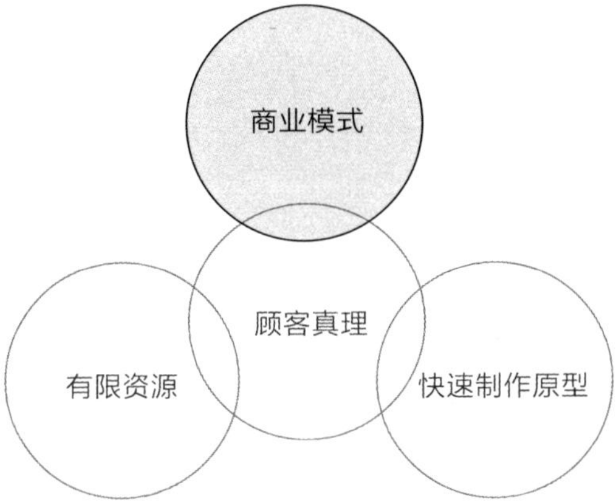

大部分创业者都十分注重提出一个想法或为某个问题寻找解决方案，以至于忽略了他们是否能够创造出一个可靠的商业模式来支撑一家有潜力的公司。对于年轻的创业公司而言，这是一个非常关键的时刻。准确理解在商业模式的情境下什么能奏效、什么不能奏效，可能是一个创业者做出的最具战略意义的决策。让我来举个例子。

想象一下 20 世纪 90 年代早期，杰夫·贝索斯正打算创立亚马逊（Amazon）公司。他发现图书销售呈上升趋势，而且博德斯（Borders）[①] 和巴诺（Barnes & Noble）[②] 等连锁书店发展迅猛。他也注意到，这两大书商正在考虑创造更大的“空间”，让顾客可以在超过 25000 平方英尺的书店里徜徉。从商业模式的角度来看，这似乎并不十分吸引人。你的竞争对手在行业内根基深厚，资金充沛，还可以不断扩大实体店。如果你没有独特的优势，即便在最好的情况下进入市场，也会非常困难。

不仅如此，在售书这个行当里，起步是需要资金的，门店扩张、购买库存、雇佣员工，没有一样不用钱，诸如此类的事情还有很多。但是如果你能创造一个不同于传统购书和图书配送的商业模式，例如通过互联网提供更多选择以及更简单的订购流程，并使用 UPS 快递或是联邦快递将商品配送到顾客家门口，这样整个商业模式就会全然改变。

---

① 博德斯集团成立于 1971 年，曾在全美拥有 674 家书店。2011 年在网络书店的冲击下申请破产保护。

② 巴诺书店于 1873 年创立于美国伊利诺伊州，1993 年上市，为美国最大书商。近年来发展不顺，关闭了大批实体书店。

“比创业和失败更糟糕的只有不开始创业。”

——赛斯·高汀（Seth Godin），作家、营销大师

通过改变人们寻找和获得书籍的方式，杰夫·贝索斯开创了一种全新的电子商务平台。他适时地利用这个顾客平台来销售书籍以外的其他产品。在这个过程中，他敢为传统书店之先，做了一件传统书店从来没做过的事：创建了强大的顾客数据库，这样就可以对这些顾客进行跨市场营销，并且可以向他们销售其他产品。这些目的实现了，花费却不多。

刚开始时，亚马逊唯一的不同之处就是购买与配送策略。一样的书，一样的顾客，一样的底价，不一样的只是配送方式。全天 24 小时都可以在网上购物，主题搜索可以罗列出某一话题下所有可购书籍。订单完成后快速配送。配合市场时机、阅读趋势和倾听顾客的声音，贝索斯开创了一个强大的商业模式，它就是我们现在了解的亚马逊。这是一个极好的商业模式，一次完美的执行。

这看似简单。但是请记住，没有出色的商业模式，再精妙绝伦的想法也终会失败。你得改进和打磨你的商业模式，这样

它才能成为你的战略武器。你的商业模式跟你的想法一样好，甚至比你的想法更出色吗？

没有出色的商业模式，再精妙绝伦的想法终会失败。

但是，回看第二章里奥斯特瓦德和皮尼厄所说的“画布”，它如此强大的一个原因在于其简单。整个商业模式仅用一张纸就可以表述清楚，然后在同一张纸上对其进行修改（关于“画布”详见下一节）。商业模式画布行之有效的另一个原因是，它会强迫你关注商业模式中最重要的元素。即便你不是营销专家，你也需要从顾客而不是你自己的角度来看清自己事业的“价值定位”。换句话说，是什么让你的产品或服务独一无二使顾客垂青于此？

多数创业者非常“钟爱”自己的想法，以至于他们无法看到其中潜在的瑕疵，不管那些瑕疵是存在于他们的产品、他们的策略还是他们的商业模式之中。直到我开始引导他们回顾商业模式中的元素，并质疑他们的策略时，他们才看到了这些瑕疵。顺便说一下，这些瑕疵是可以改正的，只是需要你更专注、更多带有顾客视角，可能是略微更好地调查一个分销渠道，也可能是与制造商达成一个重要的合作关系。正是这种觉悟让你能够从发展一项事业的角度，而非仅仅从开设一家公司的角度思考问题。二者有天壤之别。

建立一个真正的商业模式

精益模式框架的一个关键要素就是尽早确定、重复、改进创业公司的商业模式。对于每一个带着关于新商业机遇的想法联系我的人，我都会问他们这个问题。我并没有泛泛地问他们关于这个想法的问题，而是会问他们一些具体问题。你的产品有什么独特之处？你的目标顾客群是谁？你的分销渠道有哪些？有没有多种营收流？结果，很多创业者无法详细自信地回答这些关键问题。

“商业模式是由什么构成的？”四年前，在一个创业周末活动上，我问了大家这个问题。参加那次活动的大学生和未来创业者没有一个人能够清晰地说出什么是商业模式以及商业模式的关键元素是什么。很吃惊吧！尽管每个人都在谈论商业模式，表现得好像知道它是什么一样，但是其实大部分人并不清楚。

大部分专家在定义商业模式时有不同见解，但是在商业模式的关键要素上，大多数人的观点是一致的。可以对它作一个通用的描述：*商业模式是为了商业的成功运作所做的规划，需要确定收入来源、顾客基础、产品以及财务细节。*

商业模式的组成

不管你怎么定义商业模式，我们最感兴趣的是商业模式的要素，这些要素才是商业模式的基础材料，可以把它看作一份商业蓝图。奥斯特瓦德和皮尼厄在《商业模式新生代》一书中，为创业者设计了一种关注和重复创业商业模式的简单方式。像我之前提到的那样，他们创造了一个叫作*"商业模式画布"*的东西。对于任何一个创业者，无论他们的级别如何，这都是一个非常有用的工具（见图 3.1）。从 2011 年起，我就开始在我的创业课程上运用这种工具了。

在我的课堂上的本科生很容易就明白了画布理论，他们用六个星期的时间围绕一个想法设计商业模式，和大约 75 个顾客进行交谈，运用所学重复这个商业模式，再与另外 50 个顾客进行沟通，发展并找到核心业务，接着开始完善这个商业模式的其他领域，例如找到主要的合作伙伴，确定分销策略。他们利用顾客反馈和信息不断更新他们的商业模式，第十周结束时，他们已经清晰地认识到自己正在开启一项新事业还是应该放弃这个想法。

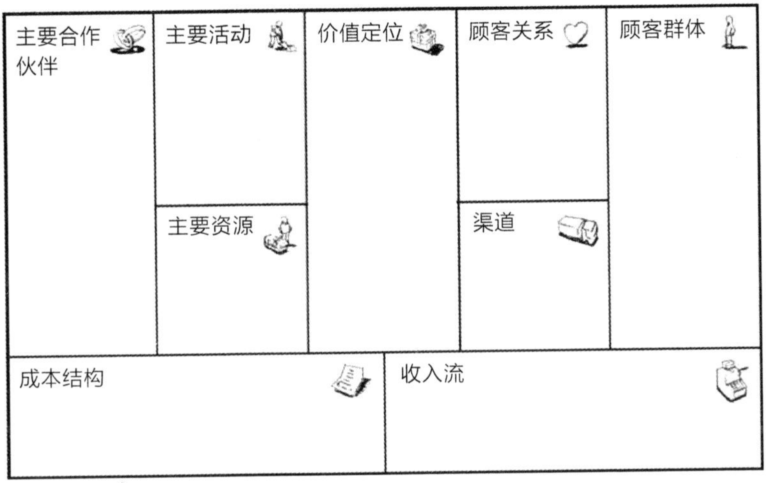

图 3.1　商业模式画布

（摘自《商业模式新生代》，作者奥斯特瓦德和皮尼厄。已获得作者授权；www.businessmodelgeneration.com）

看着一群学生在教室里演练这个过程，你知道我最欣赏的是什么吗？是他们很少真的喜欢一个想法，我们反而是在课堂上投票选出最好的想法，然后将这些任务随机地指派给他们。因此他们对一个商业模式的分析和发展是比较客观诚实的，不会“歪曲”结果来取悦自己，或者想方设法回避现实，而商业计划书的撰写过程中就可能会发生这样的事。

而且，学生们不会特别喜欢一个想法，以至于无法看到其中的重大瑕疵。根据他们的调查，以及与顾客、潜在合作伙伴、分销商进行的讨论，如果无法针对一个想法设计出可靠的商业模式，他们会建议放弃这个想法。因为有时会出现这种情况，所以我在为上这门课的学生打分时，不是看学生能否开发出成功的商业模式，而是看他们如何评估那些有潜力的想法的商业价值。太赞了。

关键要素

如果你已经开始创业或者打算创业，以下是使用刚刚跟大家说过的“画布”所得出的商业模式的关键要素。请记住，当你调查和收集关于商业模式的每一个要素的反馈之后，应该对商业模式画布做出调整。要习惯做出调整，因为在商业模式的完善过程中，你还要不断地做出很多调整。但是让我们来仔细考察每一个要素，思考创业者应该思考的一些问题。为了方便查看，这里所列的是商业模式的关键要素。

- 独特的价值定位
- 顾客关系感知
- 目标顾客群体细分
- 分销渠道策略
- 启动活动

- 启动资源
- 战略合作伙伴、战术合作伙伴
- 产品或服务成本
- 销售 / 收益来源

现在，让我们逐个考察每一个要素。

独特的价值定位

关于一个产品或服务的想法的核心，是用一种独特可行的方式解决顾客的问题或为顾客提供问题的解决方案。对于自己的想法，大部分创业者都只是在概念上苦苦挣扎，他们并非真的要为顾客解决问题，而只是要设计一套方案来寻找顾客或问题。事实上，很多创业者感觉只有等“主显灵”才能获得独一无二的点子。而在现实中，如果你仔细研究大的市场环境，了解了市场趋势，就更容易在寻找顾客的问题上获得灵感。

IDEO[①] 是一家优秀的公司，它为世界五百强公司以及财力

① IDEO 是全球顶尖的设计咨询公司，1991 年由大卫·凯利与 ID TWO 设计公司合并而成，之前两家公司都有过辉煌的业绩，分别于 1982 年设计出了第一款苹果鼠标和第一台笔记本电脑。

雄厚的创业公司解决问题和开发潜在产品。如果观察这家公司的市场机遇图（见图 3.2），你就会发现，大多数产品或服务的创新机遇都来自于对现有或过去的产品或服务的复制与改进，极少有事物是开创性的。

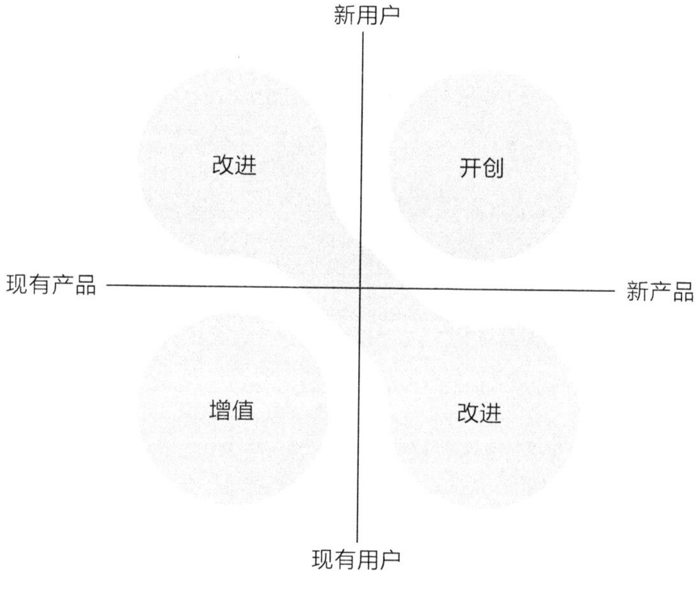

图 3.2　新产品或服务的创业机遇

［摘自 IDEO.org，《以人为本的设计工具箱》（Human-Centered Design Toolkit），已获授权］

手机是开创性的，或许微波炉也算是，冰箱当然也是。然而今天家喻户晓的品牌都不是开创性的。谷歌不是第一个搜索引擎，脸书（Facebook）也不是第一个社交网络，这些公司所提供的产品要么增添了新的价值，要么是对以往产品的发展，这无可厚非。通过倾听市场需求，以自己独特的方式开发出略好的产品，你就可以创立一家有价值的公司。

作为一个创业者，你有一个选择。你可以等待上天显灵，可以设计一些你喜欢或坚信（不确定顾客是否需要它）的事物，也可以努力研究市场来了解顾客的问题。你可以学习和剖析像史蒂夫·乔布斯这样的人物，而且尽力预测顾客的需求。无论如何，你都要不断验证问题或机遇，用真实顾客来检验可能的解决方案。如果他们的反馈是正面的，那就应当迅速完善产品原型，接着再次投入测试。

举个例子，试着为现有产品或服务添加某种顾客需要而你又能提供的独特元素，如果你不能提供独特的东西，那么就要做好面对竞争者的准备。Books.com 是第一家网络书商，但这丝毫不影响亚马逊。亚马逊公司证明了他们的理念，专注于优质的顾客服务，通过两家分销商获得了最多的图书，而且筹集了几百万美元的资金来提升品牌意识。他们超越了早期的市场参与者，并迅速占据了市场的主导地位。

顾客关系感知

我喜欢把“*感知*”（feeling）和“*顾客关系*”（customer relationship）这两个词联系到一起是有原因的。当你在设计广告词、创意广告或是独特的活动时，你的真正目标都是基于以下考虑：我如何设计出极致的产品或服务，让顾客在使用时能够真正“感觉”到其中蕴含的情感？你的市场营销无法让人“感觉”，它必须发自顾客内心，真正出色的公司和品牌会想方设法实现这个目标。让我来举个例子吧。

在2008年以前，星巴克从来没有在电视或纸媒上做过广告，后来他们开始投放广告，但也只是在股票价格低迷或者面对麦当劳这样的新竞争对手时才投放。顾客对于这个品牌所感受到的一切，均源自于店铺本身及其员工。员工会与顾客打招呼，很快就知道了顾客的名字，店内装修温暖舒适，甚至混合咖啡的独特口味。顾客可以邀上三五好友在店里坐坐，也可以独自在店里消磨时光，免费使用无线网等各种服务，听听店里播放的轻音乐。说到底，不过就是咖啡。但是，星巴克让绝大多数人在置身店里时获得了与众不同的*感受*。他们甚至为之起了一个名字，叫作“第三个地方”。有一些企业能让人们“感觉”到自己值得享受其产品，感觉到这个产品给生活带来了小小的愉悦，星巴克就是这些企业中的佼佼者。

顾客并非永远是对的，但是他们从来不是错的。

苹果公司是另一个例子，他们用简约美观的设计、极好的用户界面，为用户提供了与竞争对手相似却又有重大差别的产品。这种方法虽然让他们的产品售价更高，亦能取悦顾客。可以肯定的是，我爱我的苹果手机。

你的新产品或服务能给顾客传递一种与竞争对手完全不同的感觉吗？你是一个想通过产品销售让公众关注公益事业的社会创业者吗？举个例子，汤姆布鞋（Tom’s Shoes）是一家非营利企业，他们把销售所得的钱和鞋子通过自己的一对一计划捐赠给世界各地的人们。你真觉得他们的鞋很特别吗？还是只是单纯地支持他们的公益事业？但是你怎么想并不重要，关键是汤姆布鞋的顾客怎么想。更重要的是，顾客购买汤姆布鞋的产品时感受如何。这一定是奏效的，因为根据《快速公司》（*Fast company*[①]）杂志的报道，2013 年汤姆布鞋的收入预计超过 2.5 亿美元。

当你在考虑自己的产品或服务时，想好你希望建立的顾客关系是怎样的：当顾客购买或使用你的产品时，你希望他们获得怎样的感受。如果你不确定那种感觉是什么，多花点时间研究潜在顾客，找出他们对现有产品或服务的不满之处，你看到通过提供解决方案来取悦顾客的机会了吗？如果有，你很可能会大获成功。

目标顾客群体细分

一般我和创业者聊天，最后话题总会回到顾客身上。这个时候我通常会问他们：你针对的目标顾客群体是谁？让我们来设想一下，如果当前正在研发的产品是针对年轻女性的，创业者可能会回答："这是针对 18~40 岁的女性设计的。"根据 2010 年度美国人口普查结果，这个群体包括了将近 9000 万女

① *Fast Company* 是与《财富》和《商业周刊》齐名的美国最具影响力的商业杂志之一，理念为"世界正在改变商业，商业正在改变世界，为欲创造财富和变革商业的人士提供指南"。

性。这是整个市场，而不是目标群体，更不用说细分人群了。

我接着会问他们：在这个大群体里，谁才是你早期的使用者或者早期的推广者？他们可能会回答："哦，是大学里的女生。"现在这个数字降到了全美国1100万人左右。然后我又会问一个关于大学里的女生的问题。这下你该明白了。

到聊天结束的时候，我们可能已经确定了目标群体，这个群体是年龄在18~24岁之间的女性，人数小于1000万人；就某地区的市场而言，细分群体可能小于25万人。这并不是说你无法在整个市场面向所有女性销售你的产品。为了抓住目标顾客中的第一个核心群体，你只需要专注，专注，再专注。当你征服这个群体后，就可以向下一个群体推进，接着再下一个，如此方能迈入更广阔的市场。

在与亚马逊的杰夫·贝索斯合作之初，我们确定的第一个目标顾客群体是住在从纽约到华盛顿一带以及加利福尼亚州的两个城市——洛杉矶和旧金山的人群，这个群体有将近130万人，他们或者读主流报纸，或者买很多书，或者喜欢了解科技新动态。他们是推广者，是早期的使用者。因此他们是我们早期营销工作的目标人群。

我想传递的信息是：确保你了解潜在顾客中目标群体的一

切，获得人口信息（诸如年龄、性别、住址等情况）以及心理细节（生活方式、兴趣点等）。如果你认为你的顾客群体不止一个，那么你就要考虑是否要区别对待不同群体。举个例子，为了适应某个群体，是否需要改变产品的部分特性？这些群体是不是需要不同的分销策略？这个产品是否需要区别定价？首先关注那些最重要的群体，然后再考虑其他群体，一次只考虑一个群体。要想同时处理多个群体、不同的产品以及顾客需求，简直比登天还难。

分销渠道策略

当你准确理解了自己产品的独特价值，也确定了主要目标顾客群体后，就需要考虑怎样把产品推向市场。如果你考虑从多个“渠道”进入市场，那么就要衡量直接销售、批发、零售、分销商以及线上销售等方式；对于最后一个，可以考虑你自己的网站或者易贝网（eBay）、亚马逊等电商，每一种分销渠道都为你与不同的顾客打交道及未来的前景提供了不同的选择。关键问题永远是：接触最初的目标顾客群体的最佳方式是什么？或者，再简单一点儿说，顾客希望从哪里购买产品或服务？

最初要根据你是想要快速进入市场（多分销商、低毛利、高潜在销量），还是缓缓进入市场（直销、线上销售、当地零售商、高毛利），来选择对创业公司最有利的分销策略。你的分销策略也可能要根据产品的供应能力来决定。如果是一款移动应用，那就不存在这个问题了。如果是一款需要生产的实体产品，你可能会受限于库存或现金流。

如果你想在地区或全国发展自己的产业，那你就得通过分销渠道研究你的目标地域与顾客，接着确定能够覆盖到这些地区的主要零售商和分销商。如果你做的是进出口贸易，就要关注有丰富当地市场经验的已有分销商。

你还需要考虑如何在网上营销，这样一来在没有合适实体分销网的地区，当地顾客也能接触到你的产品。达斯汀是一个地方创业者，他开发了一种健康食品。和他共事期间，我们发现他最初考虑的是线上销售和当地实体店销售。但是 6 个月以后，只有 20 家门店出售他的产品。当他着手按区域调查分销网络时，开始集中向主要的分销商和零售商（拥有超过 25 家门店的当地零售品牌）销售产品。在接下来的 6 个月里，达斯汀与两个主要分销商和四个区域品牌达成合作，他的产品因此进入了 500 家门店进行销售。他放弃了一部分产品毛利，但是获得了销量大增的回报。

你是愿意售出 10 万美元的产品，获利 1.5 万美元（15% 的利润），还是愿意通过分销或连锁零售商店销售 100 万美元的产品，获利 15 万美元（同样是 15% 的利润）？产品销量解决了大量的现金流问题。你总是需要更多的现金来储备更多存货，这些考量决定着你的分销策略。

我另一个学生亚当也是一个创业者，他仅仅通过亚马逊的平台就实现了每年 300 万美元的收益。通过观察消费者的购买趋势，他卖过超过 100 种不同的产品，也放弃了线上平台销售的部分收入（毛利）。我问他为什么不建立自己的网站，优化搜索引擎，直接向顾客销售产品？他这么回答我："亚马逊拥有 2.35 亿有信用卡的用户……他们就像一个巨大的购物中心，我希望能在里面占据一席之地。除此之外，就我的销量而言，他们也能够提供和配送我的所有产品，这样我就不需要仓库了。"他的全部生意都在自己的公寓里，这就是精益模式框架下的企业。

当你在评估不同的选择时，你的分销策略应该考虑到各种分销渠道可能带来的收入与毛利。好的分销商还能够让你洞察当地市场及其他顾客群体，在不需要投入额外的营销和销售成本的前提下，让你的业务在新的地区站稳脚跟。但是在做任何分销决策之前，你应该和一些有分销经验的当地零售商进行交流，也可以考虑与分销商会面，以便更好地了解他们的服务以及运作方式。因为这个领域对你的商业模式至关重要，因此你需要做好全面深入的调研。

启动活动

在这方面，对刚刚起步的创业者而言往往压力过重。你好像有好多事情要做，又没有足够的时间来完成。下面给大家一些建议，让你的商业模式能够聚焦到启动阶段真正需要做的事情上。

我知道创业者对必须要做的一大堆事感到困扰不已，以至于有些不堪重负，甚至止步不前。慢慢来！如果你认真研究自己的商业模式，就能优先处理那些有助于快速建立产品或服务原型的事情。查看商业模式的每一个部分，找出需要调查的关键元素或解决方法。例如：

- 我是否需要更多地了解目标顾客群体？
- 我是否需要确定最低可行产品的规格？

- 我是否已经获得充分的信息来决定分销策略?
- 我是否已经为产品找到了合适的生产商?
- 我是否需要门店，还是根本不需要实体经营?
- 为了更好地打磨整体商业策略，我还需要见什么人?
- 我是否了解主推市场的主要潮流?
- 我怎样才能尽快地设计出产品或服务的原型?

不断考察自己的商业模式，找出阻挡你快速建立产品原型的盲点与障碍，这应该是你的主要活动。

启动资源

如果你已经很好地完成了专注关键的启动活动的工作，那么这一做法将决定你推出产品时所需要的资源。首先，当然是资金。好了，你所需要的资金总是会比你想到的多得多。

考察一下你准备推出的产品或服务，看看它是否适合众筹或在众筹平台上发起认股项目。了解目前在 Kickstarter[①]，

① Kickstarter 于 2009 年 4 月在美国纽约成立，是一个专为具有创意方案的企业筹资的众筹网站平台。

IndieGogo[1] 等众筹网站上的其他项目，预估一下你筹集到资金或通过分配股权来获得创业资金的几率。

在产品或服务的层面，你要快速建立原型，确定实际建立原型所需的资源。你是想自己建立还是将产品外包出去？考虑让你的公司尽可能地“虚拟化”。尽量避免做可能会产生额外花销的事情，例如租用办公室或采用传统公司的种种外在形式。

我曾经指导过两个创业合伙人，他们的公司是用从亲友那里筹集的 3 万美元（借款，需偿还）起步的，2011 年他们还在读大学时，用这笔钱租了一个报摊，现在拥有 6 家门店，2014 年他们的收益将超过 200 万美元。但是他们至今还是没有办公室（他们和主要员工在大学、我们的创业中心或星巴克会面），他们开着旧车，仍旧和其他三个人合住一套房子。我一直建议他们把一分钱掰成两半用，把钱全都用在生意上，开设更多的门店。他们一直遵循精益模式框架的策略，并且拥有他们的公司 100% 的股权。

你需要的另一个关键资源是人！举个例子，你是否需要有人来编程或建立什么东西？如果是的话，除非他们是关键人物，否

① IndieGogo 成立于 2008 年，目标是成为大型而多元的投资公司。与其他拥有特定服务对象的众筹平台相比，IndieGogo 不希望限定客户类型。

则不要轻易把股权分给他们。如果是关键人物，那么让他们在两到三年的时间里逐渐获得股份。如果他们对你的成功并非十分重要，你可以为他们设立一个延期的补偿制度而不是分配股份。

同样的，你可以通过朋友、家人或众筹来筹集资金，以建立产品原型。在创业早期，不要挥霍自己的股份。原因有以下几点：首先，在创业这条路上，你需要这些股份来吸引真正重要的合作伙伴与核心员工。其次，我见过太多因为闹分家和战略分歧而对簿公堂或诉诸仲裁的创业者了。这种情况通常发生在公司创立的初期，争论点往往都是压根还不存在的股份价值。这些股份此时还没有什么价值，因为此时创业公司要么还没有开始获利，要么就是顶着亏损运营。这些分歧的产生通常是因为双方对彼此的了解还不够深入、相互不信任或者无法接受彼此的长处和缺点。真正的股份合作建立的标志是参与者拥有创办公司的共同激情，这才是最重要的。

战略合作伙伴、战术合作伙伴

在你优化商业模式、评估如何生产产品或者如何将产品打入市场的过程中，你要开始寻找能够助你达成目标的关键合作伙伴。

相信自己，相信直觉，如果你要创建一个公司，

应学会如何信任他人。

合作伙伴既有战略性的，又有战术性的。对于二者，你应当一视同仁。千万不要让别人感觉他/她“仅仅”是你的供应商，要让跟你合作的人都喜欢你，喜欢你的创业目标，让他们心甘情愿地助你一臂之力。

尽管有很多种类型的合作伙伴，让我们先来看一下三个关键的领域：

- **制造商**：他们可能是外包团队、自由职业者或实体制造商，能够设计和生产你的产品原型。
- **分销商**：他们是主要的分销渠道合作伙伴，能够帮你把产品销售到不同的市场。
- **供应商**：他们是为你的最终产品提供必要产品部件的主要供应商。

在你选择这些合作伙伴之前，应该先和其他有相似经历的创业者交流。他们有你所需的经验和信息。他们肯定也做出过正确的选择，也犯过一些错。多从他们身上学习，你就可以避

免同样的错误。

根据你所在的行业，找到关键的制造商和供应商。如果你有时间，可以参加为制造商举办的贸易展会，你在那里会了解到更多情况。

在你选择一个关键的合作伙伴时，如果可以的话，请放慢脚步，深入地了解彼此。如果你正在建立产品原型，要以书面形式统一产品规格，切忌一开始就大批量订购；在生产出让你满意的产品之前，每次都要小批量订购。

在和许多创业者交谈的过程中，我一次次地听到相同的故事：“*我们进展太快了！我们以为他们知道自己做的是什么。我们第一次订购量是 3000，而不是 300*。”他们都认为自己为了追求速度和节约成本而牺牲了质量。他们都承认自己做错了。快速行动本身是可行的，但是前提是不要牺牲产品的质量。不管你的品牌承诺是什么，也不管一切看起来多么完美，如果质量不过硬，你就真的麻烦了。

产品或服务成本

进行调研以及最终制作出产品或服务原型，都会花费一定的启动成本。从商业模式的角度来看，要关注实际产品或服务的持续成本，或者每种产品要维持一定的产量的成本。

你应当对产品成本有自己的预期，并制作一个预算表，列出和产品本身关联的所有成本，我们称之为*直接成本*（如直接原料成本、直接人工成本以及生产成本）。接着，我们再添加所有的*间接成本*——与产品本身无关的成本（如营销、差旅费、房租、直接人工成本以外的其他人工成本）。

当你能够把控支出预算，你应该把所有成本做成一份涵盖 12 个月份的预算表，保守估计从第一个月到第十二个月你预期的收入和支出。根据这份预算表，你可以知道自己是否真的在挣钱（你是否每个月都有利润）。但是更重要的是，你在创办公司*之前*，就能知道手头需要有多少资金。

这笔“*事先*”的钱是为最初的存货和销售提供资金所需的。随着断断续续从分销商或顾客那里收回款项，你应该做好财务计划，为储备下一批存货准备好资金。如果你的产品是线上软件，那么自公司成立之初，你的现金流就可能一直是正的。

但是这还不足以支付下一笔生产订单。你还需要计算手头上需要多少资金，这些资金你要通过自己、朋友、家人或众筹平台来筹集，对所需资金的数额不要抱有太天真的想法。很多创业者手头还没有足够的资金来补充库存，或对产品进行重大改进，就急急忙忙把公司开起来。正因如此，这些年轻的公司经营困难，甚至失败了。它们的失败并不是因为产品不够好，而仅仅是因为创业者用完了资金。在公司创业初期，*现金流就是命脉*。永远记住这一点。

销售 / 收益来源

先往后退一步，找到产品或服务所有潜在的收益来源，这一点非常重要。刚开始你可能只看到一个或两个潜在的收益来源。但其实一般都不止如此。

虽然你不需要立刻去追求所有这些可能的收益来源，但从战略的角度来看，你确实需要知道这些收益来源是什么，并了解它们的潜力。为了在这一点上帮助你，下面我以两家真实的公司为例进行说明。

制造零售时尚产品

詹妮（Jenny）想创办一家公司，这家公司是通过重要的社会公益事业来帮助他人。她的目的是创办一家能为三方（人、利润、地球）带来好处的公司。她选择了一个时尚产品开始创业，一部分净利润会用于支持自己的事业。詹妮设想她将利用自己的网站在线销售，并在当地的零售商店销售。经营一年后，她找到的潜在收益来源如下：

- 自己的网站
- 当地的零售商店
- 地区品牌店
- 全国品牌店
- 其他网站
- 自有品牌
- 授权海外其他品牌

因为她对潜在的收益来源有一个广阔的规划，她就可以在战略和战术上做出绝佳的决策以发展自己的公司。

软件产品

德米特里注意到有一家人气很旺的电子商务平台已经有超过 2000 万的下载量。当他对这个平台进行调查后，他对一些以用户为中心的问题感到非常失望。因此他为这个平台开发了一些简单的软件工具和窗口小工具。接着他开始在自己的网站上向开发者以及高级顾客销售这些工具。但是当他在这个平台的市场以及整个电子商务市场进行调查之后，他发现自己还有更多选择。因此，在两年的时间里，德米特里开始利用多个收益机会：

- 自己的网站
- 电子商务平台网站
- 几个“影响者”开发者网站
- 开发者工具门户网站
- 通过捆绑销售而聚集的关键产品合作伙伴

对整个市场状况的了解，让他能够同时利用多个收益机遇，结果他的年均收益也因此变为原来的五倍。

关键是要调查市场，了解顾客想以什么方式、从哪里购买你的产品或服务。在考察了每一种可能的收益来源之后，你就可以决定先追求哪一个收益流，也许按照优先的次序，同时你也清楚最终会增加其他的收益流。

销售。我把这一节命名为“销售 / 收益来源”是有原因的。如果你不知道如何*销售*产品或服务，就无法获得任何收入。如果你从来没有任何销售经验，那么就应该去和在销售方面得心应手的人交流，参加销售研讨会，做一份与销售有关的兼职。

作为一个创业者，你要么销售产品，

要么就什么都卖不出去。

这取决于你自己。

你一定要适应销售的工作；事实上，正是你的销售技巧在不断推动公司发展。大部分创业者都认为只要把公司开起来，销量就会神奇地随之而来。*然而并没有这样的事*。所以，如果你认为你永远做不好销售，那么应该找一个擅长营销的人来合作或合伙。还有，你应该读一下尼尔·雷克汉姆（Neil Rackham）所著的《销售巨人》（*Spin Selling*），这本书帮助我理解了完整的销售过程、三种主要的顾客类型、顾客为什么要买东西（想要与需要）以及如何做到，如果做对了，人们会主动向你买东西，而不是你反复琢磨一定要卖点东西给他们。除非你解决了商业模式中的关键问题，否则销售很难进行。

精益模式框架的一个重要元素就是一个精心设计的商业模式。你要建立、整合、发展一个可靠的商业模式，而不是去撰写一份“完美的”商业计划书。以下是关于你的商业模式你应当了解或应该能够回答的问题汇总，这些问题是根据商业模式的各个元素列出的，并非权威版本，只是为你提供思考的出发点。

独特的价值定位

- 我的产品或服务想要传递给顾客的价值是什么？
- 我解决了顾客的什么问题？
- 我满足顾客的需求了吗？
- 最低可行的产品是什么？
- 我的产品是独一无二且经得起推敲的吗？

顾客关系感知

- 我想和顾客建立怎样的关系？
- 对于我的产品或服务，我希望顾客有怎样的评价或感受？
- 建立这样的关系需要付出怎样的代价？
- 在我的商业模式里能建立起我想要的顾客关系吗？

目标顾客群体细分

- 市场的规模有多大？
- 市场规模是呈增长趋势还是变幻莫测？
- 我的首要目标顾客群体是谁？

- 我的次一级目标顾客群体是谁？
- 每一个顾客群体有什么独特特征？
- 我需要用不同方式与这些群体沟通或接触吗？

分销渠道策略

- 我应该考虑什么分销渠道？
- 我的顾客在哪里？
- 竞争对手目前是怎样接触到顾客的？
- 现在有没有会影响到分销渠道的新趋势？
- 不同的分销渠道有什么优点和缺点？
- 这是一个新出现的顾客群体，还是一个处于成长期的顾客群体？

启动活动

- 我目前最需要做的是什么？
- 我是否已经调查了各种分销策略？
- 我是否已经调查了各种收益流？
- 我如何才能创造出一个最低可行的产品？
- 我怎样成立公司？在哪里成立公司？

启动资源

- 开始创业时我所需要的关键资源是什么?
- 分销、顾客关系以及盈利所需要的资源是什么?
- 我可以外包出去的是什么?
- 公司内部需要什么?
- 我是否拥有所需的才能?
- 我是否应该发起一个众筹活动?

战略合作伙伴和战术合作伙伴

- 谁是战术合作伙伴 / 供应商?
- 谁是战略合作伙伴?
- 我从合作伙伴那里获得的关键资源是什么?
- 合作伙伴支持的关键活动是什么?
- 我的竞争对手和谁合作?

产品或服务成本

- 同类产品或服务目前的成本是多少?
- 提供产品或服务会产生哪些成本?

- 我怎样外包或降低成本？
- 产量达到多少时，产品或服务的成本可以降低？

销售 / 收益来源

- 目前消费者在购买同类产品或服务时花多少钱？
- 我希望顾客花多少钱？
- 潜在的收益流是什么（零售、线上、授权许可等）？
- 我的收益可以产生毛利或利润来维持我的商业模式吗？

创业者洞见

大约三年前，一个创业者来找我，他发现了社交媒体工具市场里的一个机遇。他做了大量的调研工作，和几个技术人员面对面交流过，甚至还见了一些天使投资人。我们见面交谈的时候，我注意到他想要推出的产品可能只有一个很短暂的“市场窗口期”，他需要马上开始了。他表示根据潜在投资者的反馈，他要慢慢打磨一份商业计划书。我却告诉他要赶紧生产出产品原型，然后快速行动。

他花了六个月的时间撰写商业计划书，然后开始向投资者推销。投资者们表示要看到“流量”以及证明这个概念可行的证据。接着他又花了九个月时间来建立“完美的”产品原型，九个月的时间实在是太长了。最终他将产品原型投入市场时，已经太晚了，另外一家公司已经推出了相同的产品。

关键点

精益模式框架有四个各不相同，又都紧密关联的组成部分。但是速度对市场来说是至关重要的。创建一个可靠的商业模式。利用有限的资源。测试产品原型。获得顾客的反馈。快速行动。

Chapter 04 有限资源：少即多

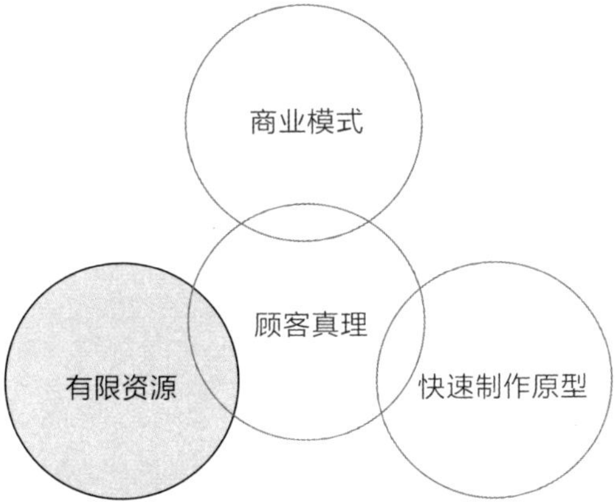

“*创业者*”这个词有很多版本的定义。我最喜欢史蒂文森（Stevenson）[①] 的版本：“不管目前掌握的资源多么有限，都在追求机遇的人。”换句话说，尽管你目前尚没有生产产品或服务

① 霍华德·H·史蒂文森，哈佛大学洛克贝克基金会教授，专门研究创业。《财富》杂志曾评价其为“创业之狮”。

所需的所有资源，你也大步向前。你只管坚持前进，知道自己总有一天会找到解决问题的方法。但是有一个好消息要告诉创业者。任何时候都是应用“有限资源”思维的最佳时机，因为世界上有太多的有限资源能够帮助你。让我来解释一下吧。

过去我曾在很多不同的公司工作，我管理的年度预算从 2.5 万美元到超过 1 亿美元不等。如果你认为更多的资金能够更好地激发创造力，那么你还是再想一下吧。你知道我们的团队什么时候最有创造力吗？是在我们的预算极少甚至几乎没有的时候。当资金和资源有限甚至匮乏的时候，人们的思考反而会更加有创意。随着时间的流逝，我发现要想成功，最好的方法就是采用有限资源的思维。

“天才是百分之一的灵感加上百分之九十九的汗水。”

——托马斯·爱迪生（Thomas Edison），引自《生活》杂志

通常，正是创业者的思维和行为吸引了人们和资源；他们只是想出了很有创意的解决方法。没有钱公关？编个有力的故事或制造个大事件，让当地或全国性的媒体都争相登载发布。没有钱租用贸易展上的摊位？那就用产品的样品和照片参加展

会，想方设法寻找买家。没有钱让自己的食品进驻零售商店？在农贸市场上摆一张桌子就可以开始卖你的产品了。需要额外的资金或方法进行预售？那就发起一轮众筹活动。

有限资源到处都是

在当今的商业世界里，技术和新兴市场使创业者可以利用有限资源完成相当多的事情。举个例子，你可以利用云端上的“软件即服务”（SaaS）[①] 工具来建立自己的网站，它几乎是免费的。你可以提供少量产品，然后在亚马逊平台上销售，用来检验自己的想法，同时又能获得一些收入。你可以采用美味的手撕猪肉烧烤配方，在农贸市场卖手撕猪肉玉米卷，来测试是否要开餐车。全新的 3D 打印技术让你可以用极低的成本做出产品原型。你还可以在空闲时间开发一款手机移动应用，在朋友中间测试它，不断优化，然后利用线上应用商店销售它。除此之外，社交网络现在已经非常强大，你只要花很少的钱，就可

---

① 软件即服务：一种通过互联网提供软件的模式。厂商将应用软件统一部署在自己的服务器上，客户可以根据自己的实际需求，通过互联网向厂商订购所需的软件服务，按数量和时间支付费用。

以进行线上营销活动，提升产品知名度和销量。

我们还要听多少关于餐车的成功故事？这是测试新食品理念的绝佳方式，其成本远低于开一家餐馆。让我们来看一下，在美国开一家新食品理念餐馆的全国平均费用是多少？50 万美元。开餐车的平均费用呢？5 万美元，甚至可以更少。

很多商机都可以用很少的资金启动。如果你是一名会计、税务律师、营销专家、大厨、画家、汽车销售或是从事诸如此类工作的人，都可以通过咨询或周末兼职来测试你的想法。喜欢小狗？在市区开一桩照顾小狗或遛狗的生意吧。小型的居家式生意既能让你开心，又能给你带来收入，或者也可能发展成一家大企业。因此，开始你喜欢的事业吧。

听着，你必须非常努力才能让新公司获得成功。倒并不一定需要花费大量资金。但是，一定需要有有限资源的思维。2011 年 1 月上旬，两个学生告诉我他们想要参加我们一年一度的创业者日活动，这个活动每年五月在学校举行。我问他们计划卖什么东西。他们告诉我：太阳镜。但是他们现在还没有产品，也不知道要花多久才能生产出产品。我认为他们应该从国外进口一些大学生喜欢的时尚太阳镜，按照他们能够测试到的价格卖出去。有了顾客的反馈，他们可以再多花一点时间，生产自己的太阳镜。后来，他们以每副 3 美元的价格订购了 300 副太阳镜，然后以每副 20 美元的价格全部卖出去了。他们用这些利润，在 IndieGogo 上发起了一项众筹来筹集更多的资金，还设计了自己的太阳镜品牌。今天，他们独特的太阳镜在 6 个国家销售，销量额超过 75 万美元。

以公司养公司

我一直在指导的一个创业者，他正在使用一个最令人意想不到的战略，从现有“商品”的经营中盈利，当下一个大想法出现时，将这些收入全部用来支持这个想法。在过去的 6 年里，亚当用 3000 美元的信用卡额度从中国购买了一些 HDMI 线[①]，这是亚当事业的起点，现在他的在线电子商务生意每年的营业额已经超过 300 万美元。他销售过 100 多种不同的产品，平均毛利率是 60%。

亚当现在已经是线上电子商务专家了，他在搜索引擎优化方面经验丰富，对产品与趋势有着疯狂的好奇心。他出售的产

① HDMI：高清晰度多媒体接口，是一种数字化视频 / 音频接口技术，是适合影像传输的专用型数字化接口。

品都是我刚刚听说的新产品，因此在相当长的一段时间里，顾客的需求总是能够保持增长，通常能够维持 24 个月。他甚至没有自己的网站，亚当的全部商品都是在第三方线上平台销售，他把运营和配送也外包了。他的全部生意都是在自己的公寓里完成，他还雇了大学实习生来帮忙。这就是怎样运用精益模式框架来运作一家公司！

但是亚当做这个生意归根结底是为了做两件事：首先是为自己提供一种创业的生活方式；其次是为了获得足够的现金流，在他看到新的商业机遇时，能有足够的财力支持自己的远大想法。现在，他看到了一个新的商业机遇，手里也有足够的现金来启动新的项目，测试产品原型，看看自己是否抓住了某种机遇。无论结果如何，这就是“以公司养公司”的绝妙筹资策略。而且亚当将控制这两家公司 100% 的股权。考虑一下这种策略对你是否有用。

影响力是关键

作为一个创业者，为了快速行动抢占机遇先机，你需要利用精益模式框架思维。作为该理念的一部分，你需要利用所有可利用的有限资源。即便你已经筹集到了必要的资金来发展新机遇，你也希望尽可能地延长现金流失的时间。一个人如何使用手中的现金，传统术语称之为“*资金消耗率*”（burn rate）。换句话说，在创建和运营公司的过程中，你的现金够花几个月？

这是传统的思维。然而，我建议你以最精益的方式建立和运营新公司，这样你才可能早点真正获得现金收益来支持公司运营。那么，树立一种快速的*获益率*（earn rate）思维怎么样？这种思维就是让公司尽快营收。另一种策略是极度压缩成本，你需要权衡一切。

让我们来看一下在你可以利用的资源里，那些你需要注意的主要方面：

- 自己也是专家
- 本地和全球人才
- 当地社区
- 筹资选项
- 技术工具
- 加工制造

自己也是专家

当学生问我，在学校学习以及毕业之后的几年里，他们能够获得的最重要的东西是什么？我的回答是两个字——技能。一个人想要发展事业，而且有可能成为一个创业者的时候，一定要掌握并强化自己的技能，直到你成为这一领域的专家。

成为专家会为你提供多种选择。其中之一就是通过把自己当成一个“快速原型”，利用自己的专业技能来创办公司。也就是说，利用你的才华和专业知识来创办一家与你已有的专业知识相关的公司。举个例子，我正在指导几个创业者，他们利用业余时间或周末来创办自己的公司。在很短的时间里，或者几年的时间内，他们都已经成为某个领域的专家。他们可以在这些领域利用自己的专业技能来创办公司。下面是一些例子：

- 搜索引擎优化或社交媒体营销的线上营销专家
- 了解怎样提出可靠财务分析的法务财会专家
- 给其他公司提出建议的可持续发展专员或环境专家
- 能够提供线上摄影课程等多种商业活动的摄影专家

检视一下自己的技能，判断你是否可以利用已有的专业知识创办一家公司。还有，一旦你在市场中闯出了名头，就可以推出更多的新服务或新产品。

本地和全球人才

借助互联网，你可以利用本地或世界各地具有专业技能和工作能力的人。我想你已经了解了当地市场的人力资源，你可以利用网络在当地大学发掘一切可用的资源。

举个例子，我们的拉文创业中心每年都会在当地的小公司设立 50 个学生实习岗位。我们在校园里也有其他资源，包括学生孵化器以及工程学、科学以及移动计算机处理技术等专业课程。学生毕业的要求之一，是要设计一个产品。大部分大学都有包括实际应用的类似课程要求，你可以利用这些资源来开发自己的产品。当地大学的潜力还没有被充分利用，假如我现在要开办一家公司，我会把公司建在重点大学方圆两个街区的范围内。

假如我现在要开办一家公司，

我会把公司建在重点大学方圆两个街区的范围内。

其他优质的本地资源还包括社区孵化器、小型商业中心、共享空间、创业计划、周末创业日以及共享社区资源。通常，当地行业组织都会提供免费服务甚至小办公室来帮助新公司起步。除了接触这些资源，你还可以花时间和其他想创业的人交流，也可以通过建立关系网加入当地的创业者团体。从当地其他创业者身上学到的东西、受到的影响，都会为你的创业带来难以估量的价值。

我指导过一个开发软件工具的创业者，他叫安德鲁。我们意识到如果他能置身于一个技术与创业的环境中，并保持公司的低成本运营，可能对他的公司的发展会更有利。于是他搬去旧金山，在火箭空间（RocketSpace，一个创业公司共享的办公空间）里租了一间共享办公室。在那里他能从 50 多个技术型创业者身上学习，并可以从来自 4 个不同国家的 4 个独立软件承包商那里获得帮助。结果，安德鲁的公司的收益增加了 2 倍，这一切都只靠一个雇员——他自己。

当你设计自己的商业模式时，要针对机遇进行调研，评估 elance[①]（www.elance.com）和 oDesk[②]（www.odesk.com）上的

① elance：全球最大的威客网站，成立于 1999 年，是一个人力外包平台，服务买家将自己的外包需求放到网站上，自由职业者则通过竞标完成指定工作，获取报酬。

② oDesk：威客网站，以严谨的悬赏机制和信誉评价系统为特色。

资源价值。很多线上社区活跃着大量有才华的自由职业者，刚才提到的两个网站只是其中的代表，这些自由职业者可能会在很多方面给你帮助。举个例子，你可以在这些网站上发布“项目”吸引人们投标，然后你从中挑选一部分人来完成这个项目，最后如果项目圆满完成，你可以验收项目，把钱付给当初为你干活的人。

这种方式可以接触到大量潜在的人才，但是在聘请任何人之前还是要做好应有的调查。比如，你可以要求应聘者提供推荐书以及关于应聘者完成的上一个项目的描述。自由职业者市场诚然是一个世界范围的人才库，但是也有一个缺点，即可能存在不同时区以及文化倾向多样性的复杂情况。你可以利用文件分享、视频会议等网络工具进行交流，这会提高沟通效率。

当地社区

我经常发现，创业者对当地社区可利用的重要资源所知甚少，而了解当地可利用的资源至关重要。除了我们前面所提到的周边人才，可用资源还包括其他创业者、潜在的指导老师、共享空间、孵化器、另一家公司内的“免费”或共享空间、市或州赞助的设施或项目。

除此之外，可以考虑利用当地的“零售”机会来测试你的产品或服务，不管是当地的农贸市场、跳蚤市场、独立时尚商店、有机食品店还是宠物商店，都可以加以利用。如果你在考虑谁能够帮你的产品或服务起步，或者帮你在真实的市场中进行测试，那么最有可能的人选一定是当地人。这些人通常本身也是创业者，他们很希望看到你成功。

如果你在地方的环境中测试产品或服务，请确保对供货、送货以及销售过程有一定的把控措施。换句话说，在你有机会把产品销往全国或全世界之前，可以在地方测试自己的想法。有一句格言叫“你只有一次机会给别人留下第一印象”，这句格言也同样适用于创业者的努力。在地方进行产品测试后再提升产品质量很容易，但是当你在全国范围失败后就很难挽救了。

让我们来看一下这位创业者的故事：伊莎贝拉还在上大学的时候就开始创办自己的公司，我帮助她在学校书店里推广自己的产品。开始时一切进展顺利，她的产品也很畅销，但接着就出现了一些质量问题。她马上对产品进行回收，改进产品质量，再把产品重新推向市场，销量马上就提升了。伊莎贝拉利用独立的零售商慢慢把产品推广到当地社区，然后推广到整个地区的门店，最后覆盖全国。到目前为止，出售她的产品的门店已经遍布全国，达到60家。目前她还在和两个大的零售品牌谈判，如果能够达成合作，她的产品会推广到全国200多家商店。为什么那两个大品牌有兴趣跟她合作？因为销售她的产品的那60家独立商店对她赞不绝口。

筹资选项

一旦你围绕一个真正的机遇设计出一套可靠的商业模式，并利用了当地和全球社区内的有限资源，你可能需要找到多种方法筹集额外的资金来支撑你的创业公司。我希望你节俭地运作，这样你的公司就不需要大量的现金。然而，让我们假设一下，你现在需要一大笔资金来开始创业，但是你没有这笔钱，那么又该怎么办？

第一站：自己

寻找资金的第一个地方就是*你自己*。你可以裁掉、卖掉或者淘汰什么来省出一些现金？如果你真的十分看好自己的机遇，你愿意为此付出多少？投资者和风险资本家都喜欢那些投资自己的生意、投入现金、作出牺牲、投入血汗股本的创业者。投资者会把钱投在敢在自己身上押宝的那些充满激情的人身上。

银行或当地借贷机构也是其中的一个选择。你要查看州政府和市政府是否为创业者提供津贴。除此之外，看一下自己的信用卡以及对应的利率，看看这是不是个可行的选择。记住，永远不要用你无法承担的损失去冒险。

慎用朋友和家庭

建议创业者让家人和朋友投资自己的创业公司时，我总是会有些紧张。为了让结果皆大欢喜，你不要把他们当成投资者，而应把他们当成满怀善意的银行。下面是一些简单但重要的原则，可能会帮助你保住友情和亲情：

- **根据实际设定期望值。**即便你坚信自己的创业公司一定会成功，把新企业的历史情况告诉家人和朋友也是一种明智的做法。超过 50% 的企业在头两年会遭遇失败，即便是“一夜成功”的企业也平均需要五年才能够发挥出自身的全部潜能。这不是个说得通的投资策略。所以也请他们不要把它当作投资。

- **这必须是他们可以自由支配的资金。**出于对你的信任，如果朋友和家人仍然愿意承担风险，那么你一定要跟他们说清楚，他们是否能够承担损失所有资金的风险，这笔资金对他们的生活是否会造成重大影响。如果你对这一点不确定，那么就不要接受他们的钱。
- **这是专业的交易。**你期待银行怎么对待你，你就怎么对待这场交易。这就意味着，你需要撰写并签署协议条款，确保每个人都明白每一项条款。因为美国国税局对于赠予物品有一些特定条款，因此请坚持按商业贷款的市场利率标准支付利息。
- **与现金流相关的回报。**因为你不知道什么时候会产生现金流，所以要尽量避免承诺固定的回报时间表。有了现金流的承诺，投资者会获得你运作的现金流中的一部分，直到他们获得全部回报。
- **借款优于股份。**欠债比提供股份好，尤其是在创业早期，那时你还没办法对分配的股票份额进行估值。同时，你也不会想让那些真的什么也不懂的投资者——尤其是家人和朋友——来过问你的每一个行动。
- **明智地尽快还钱。**这是真正的贷款，因此是需要偿还的。

然而，一些创业者太想尽快还钱，便在战略决策上做出了妥协。但是除非你的现金流大量增加，否则最好是小量持续偿还，如果真的有大量的现金流，那就把钱一次还清。

技术工具

现在我们能够利用的技术令人赞叹。这些技术为创业者创立公司扫清了障碍，也让每个人都能在*某个地方向某些人卖出某些东西*，这真的很了不起。

如果你想创业，或者你已经是一个创业者了，就得不顾一切了解所有可以接触到的技术工具来创办和管理自己的公司。即便你不喜欢技术，也要了解可能提高竞争力的技术。

举个例子，你可能正在销售产自澳大利亚的抗氧化有机蜂蜜，世界各地可能都有人需要这种蜂蜜。因此，除了在澳大利亚当地的小镇销售之外，你还可以在你的网站上利用线上渠道产生更大的销量，也可以利用亚马逊这个全球线上商城销售你的产品。除此之外，有几个专门做有机食物的网站也可能愿意销售你的产品。因此，如果你学会以非常合理的成本来使用技术，就可以极大地提高成功的几率。除此之外，技术可以帮助你降低成本、提高成功的机会，这对一个创业公司而言至关重要。

大约两年前，我帮助一些学生创业者在校园创业。他们已经开发出了一种健康的营养饮品，是营养餐的一种替代品，原料更加新鲜、天然，配方简单，价格实惠。我们没有把这种产品放到传统的实体环境中销售，而是说服学校让我们把售卖点设在学校的游乐中心的外面，以便更好地服务每一位顾客，摊位长 20 英尺、宽 10 英尺，用不锈钢和黑色帆布搭建。这个建议意味着不需要太多的日常开销，只需要电费和水费就可以维持这个摊位的运营。

这项创业活动大获成功，现在这些学生在加利福尼亚州已经开设了 6 个摊位。他们大量运用技术来辅助运营，用 iPad 的触屏来收银；靠基于云计算[①]的销售终端维持着包括财务在内的整个商业运营，每个月只需要 35 美元；利用 Square（一个

① 云计算是一种按使用量付费的模式，这种模式提供可用、便捷、按需的网络访问，进入可配置的计算资源共享池（资源包括网络、服务器、存储、应用软件、服务），这些资源能够被快速提供，只需投入很少的管理工作或与服务供应商进行很少的交互。

无线支付供应商）作为他们的虚拟供应商来处理顾客付款。同时，他们还可以通过智能手机“照看”世界各地的生意，还能“看到”实时的销售情况，不管是整体的还是地区的。

和手把手训练雇员的传统方式不同，这些创业者制作了培训视频，把视频放在 YouTube[①] 的私人账户上，只有管理者和雇员才能看见。而且，这个价值数百万美元的生意连一间公司办公室都没有，他们利用当地的会面场所跟员工、经理开会。技术让有限资源的思维变得可行。

具体地说，有两种主要的技术工具。第一种，我称之为“*技术平台工具*”，可以让你启动创业项目，开始销售产品。第二种是“*技术辅助工具*”，可以让你为自己的事业做好市场营销和企业运营。正如你可以想象到的，世界上还有许许多多的工具。保持好奇心吧！

技术平台工具

有了这些技术工具，你可以自己搭建互联网技术平台，也可以利用现有的互联网技术平台。从搭建方面来看，现在有很

① 设立在美国的一个视频分享网站，让用户上传、观看及分享视频或短片。

多简单强大的网站搭建工具，如 WordPress[①]、Weebly[②]、汤博乐（Tumblr）[③] 以及 SquareSpace[④]。这些网站搭建工具通常都有免费的简易版本或可以免费试用一段时间，这就可以让你快速搭建起自己的网站，并开始向全世界宣传自己的品牌。对此我建议创业者仔细研究自己的所有选择，利用上面提到的一种或几种网站工具，和自由设计者一起创建一个强大而实用的网站。使用网站平台工具是因为它能自己维护和升级网站，不需要程序员。

更高级的网站平台工具，尤其是为电子商务设计的工具有 Shopify，Volusion[⑤] 和 Big Commerce。我指导的一个创业者就利用 Shopify 电子商务平台建立了自己的网站，只用了不到两个星期的时间就建好了。这个平台自带编辑功能，可以增加和编辑产品，还有若干支付选项让顾客可以用信用卡付款，

① WordPress：既是博客平台，也是内容管理系统。用户可以在支持 PHP 和 MySQL 数据库的服务器上架设属于自己的网站。

② Weebly：免费自助建站服务商，支持所见即所得，在操作性、用户体验方面做得很好。

③ Tumblr：成立于 2007 年，是全球最早也是最大的轻博客网站。

④ SquareSpace：网络博客平台，专注于细节，非常适合个人网站。

⑤ Volusion：电商服务软件公司，是一个平台，商户可以在上面创建自己的线上商店，定位在中型和小型企业。

这个网站的最低档包月费仅为 28 美元。我并不是向你们推销 Shopify，只是以此为例来描述怎样运用这些工具。

另一种电子商务工具是 Big Commerce。大约一年以前，我们帮助当地创业者马克建立了自己的线上电子商务战略。我们选择 Big Commerce 主要是因为它的功能强大，它的性能与功能和亚马逊不分伯仲：自带内容编辑模式，购物车选项灵活可变，所有交易都可简单方便地导出到 Quick Books① 等财务工具上，邮件功能强大等等。每个月花不到 30 美元你就能尽享上述功能。我们使用 Big Commerce 的主题以及页面模板来设计网站，根本就不需要程序员，在两个星期内就设计出了多样的产品目录和多样的产品。

技术辅助工具

现在云计算工具繁多，我不知该从何说起。下面简单列出了可以利用的工具，列表按照你开始创办一家公司可能用到的工具的顺序排列：

- 领英（LinkedIn）：建立你的知识专家、创业者、行业专

① Quick Books：用于个人计算机的小型商业财务软件。

家网络

- 谷歌快讯（Google Alert）：通过邮件把重要话题的信息发送给你
- 谷歌趋势（Google Trends）：帮你追踪网上调查趋势
- 调查猴子（Survey Monkey）①：对线上的潜在顾客进行调查
- LegalZoom②：解决你的法律需求
- DropBox③：共享文件，与他人合作
- Skype④：和员工、合作伙伴进行面对面视频会议
- Square：将智能手机以及 iPad 变成一台收款机
- Constant Contact⑤：向可能的顾客、客户发送邮件

---

① Survey Monkey：专业的网络问卷调查网站，免费提供网络问卷设计、收集、制作及图形分析结果等整套服务，准确提供问卷调查样本，协助管理人员制订出更明智的决策。

② LegalZoom：美国在线法律服务运营商，1999 年在加利福尼亚州成立，专注于为中小企业客户和家庭个人提供简洁、高效、廉价的一揽子在线法律服务。

③ DropBox：免费网络文件同步工具，是一种云存储软件，通过云计算实现因特网上的文件同步，用户可以存储并共享文件和文件夹。

④ Skype：超清晰网络电话工具，电脑间通话永远免费，打国内国际固定 / 移动电话只需市话费。

⑤ Constant Contact：广告营销公司，将邮件作为一种极为重要的营销工具，致力于通过营销、在线调查等服务和工具，帮助小企业以及非营利机构联系他们的客户、成员等。

- 互随（HootSuite）：从一个平台上管理所有社交媒体的营销工作
- POS Lavu：追踪销售点以及管理库存
- YouTube：把你的产品以及样本视频上传到网上和自己的网站上
- 谷歌分析（Google Analytics）：了解你的网站访问量

我不知道以前是否有过这样的时代，潜在创业者可以使用这么多的工具。任何能够接触网络的人都可以利用这些工具来支持自己创业，而且这些工具大部分是免费的，所以花点时间来学习这些有潜力的事物吧——它们会极大地影响你的创业。

加工制造

很长一段时间里，很多行业都将制造业转移到海外，似乎每个想生产产品的人都会奔向中国，因为那里有更廉价的劳动力。现在，美国本土的制造业似乎有点复苏的迹象。在最近的几篇文章中，专家们指出“美国制造”的优势在逐渐增多，包括运费更低、产品设计变化快速传播、质量控制更好等。好消息是，今天的创业者在考虑生产产品的地区和人员时有了更多的选择。

第一个选择是当地制造商或分销商。尽管这个成本开始时可能会很高（这是由于产量少或者劳动力成本高），但是就近选择制造商或分销商好处很多。你可以和他们面对面地交流——这是无可替代的优势。你可以实地走访工厂，了解他们的能力。他们生产产品原型时，你可以站在一旁更好地掌控产品原型的制作过程，监管产品质量变得更方便。简而言之，就近生产节约了时间和金钱。产品直接送货上门或运送到你在当地市场的门店，这样操作物流过程明显简化，成本也降低了。因此，先去了解一下当地市场，再决定就近选择制造商是否是一个可行的方案。

如果当地不是最佳选择，那么中国制造依旧是最好的选择。我问过圣地亚哥当地的创业者亚当，对于第一次生产产品的新创业者有什么建议。他雇用了 10 个中国工人来制造他卖出去的 100 件商品。亚当经常去中国出差，每一次他都会和几个制造商见面，通常都是在贸易展览会上。以下是他针对中国制造给出的建议：

1. 首先是浏览 www.alibaba.com，查看上面各种产品以及中国制造商的定价成本。如果没有人给你建议或参考，就不要直接从这个网站上选择制造商，但是这个网站可以让你了解多种可能性。

2. 登录 www.globalsources.com，你可以更好地了解那里正在进行的贸易展会，很多制造商会在这些贸易展会上展示他们的最新产品以及生产能力。花一些时间在某些展会上还是很值得的，通常有 100 多家制造商参加这些展会，他们会展出某种类型的产品或技术。

3. 如果你真的想让自己“眼花缭乱”，去参加在广州举办的广交会吧。那里有超过 15 万种的产品参展，你也可以面对面地和制造商交流以发现其他产品。

下面是最后一条评论，这是针对近岸制造提出的：关注墨西哥。这个国家的跨境项目以及制造能力正稳步提升。布拉德和詹姆斯是两个当地的连续创业者，布拉德专攻电子技术产品，而詹姆斯发展时尚配件和服饰。他们都利用了墨西哥的制造商，并高度赞扬了墨西哥制造的质量、合理的成本、快速海运到美国的能力。布拉德和詹姆斯都表示近期会增加在墨西哥而不是在中国的生意。

3D 打印是本地制造的王牌

关注 3D 打印，因为它会为小量、独特的产品或产品原型提供一些非常有趣的解决方法。高德纳咨询公司指出，从 2013~2017 年，3D 打印产业的价值预计将从 4.5 亿多美元增加到 57 亿美元以上。可谓增速迅猛。

我预计，3D 打印将会提供一些真正的创业机遇。首先，我们会看到 3D 打印机生产的某些特定的、产量少的成品。举个例子，如果你想购买 100 件定制的智能手机壳作为赠品参加某个活动，可以上传一张图片，发送给当地商店，下订单就能打印出来，取货也很方便。或者，你需要一种特殊的厨房抽屉把手，但是只要 20 个，没问题，当地的家居用品公司会用 3D 打印机将产品制作出来。

当顾客学会设计和制造自己的 3D 打印产品时，创业机会也将大大提升。同样，创业者可以利用 3D 打印来快速生产产品原型。不管把 3D 技术看作一种服务还是一种机遇，你都应该学习 3D 打印技术，并且密切关注它。

创业者洞见

大约四年前，保罗和格里芬还在上大学时存了一笔钱，毕业之后他们用这笔钱来了一次哥斯达黎加冲浪之旅。他们告诉父母，旅行之后会出去找工作。但是在这趟旅行中，他们注意到海滩上售卖的一种手链，于是每人买了一条，他们非常喜欢，因此用剩下的钱另外买了 1000 多条带回家。回家后把这些手链出售给了他们的朋友，在不到一个月的时间里手链就销售一空。

他们觉得自己遇到了商机，接着就找到了海滩手链的供应商，用卖手链挣到的钱订购了更多的手链。这一批手链也很快售罄。他们对各自的职责做了分工：格里芬建立网站，在网站上销售，保罗则开始拜访当地的商店。他们在公寓里经营这份生意，用销售的利润来维持基本生计，把省下来的钱投入到了购买新的库存中。他们接触的人越多，产品就越畅销。接着，他们请了不需要付钱的实习生来帮忙。现在，他们这个价值上百万美元的生意已经经营得红红火火，但他们还是很节俭。

关键点

作为一个创业者，在保持快速行动的同时，你需要找到方法来维持自己的资源。当你建立起自己的创业公司时，要了解每一次机遇，利用所有可能的资源，尽可能地减少现金支出，最大化你的机遇，利用一切可资利用的。

Chapter 05

快速制作原型：马上行动

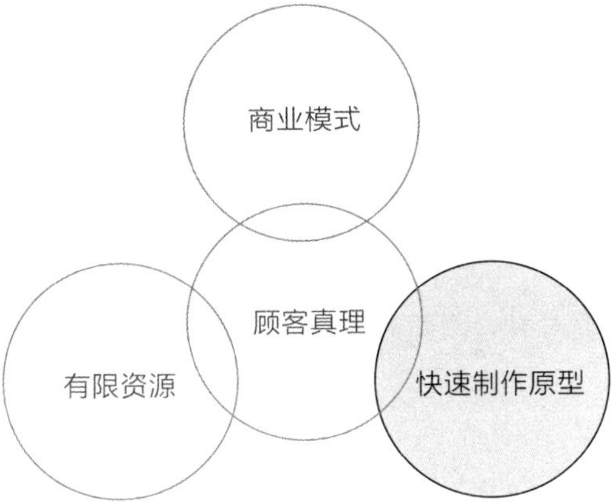

要快速行动，就需要快速制作出你的产品或服务的原型。让我们回顾一下，快速制作产品或服务原型，并且在真实的顾客中测试以获得重要的原始反馈，可以利用哪些优势、工具和资源。

没有什么方法比实际*测试*产品能更好地评估产品或服务的可行性了。同时，当今时代有众多可用的工具，没有任何借口为不能快速测试产品或服务开脱。创业者确实可以从大量早期用户的反馈中得到助益，不管这些反馈是正面还是负面的。很多创业者总是坚持自己的想法，非要等到感觉产品已经非常完美时，才把第一个版本推向市场。结果怎么样呢？——产品永远不会完美的。

总是有你想要增加或改进的新功能，总是有你认为很重要的升级。注意：*最低限度可行产品*，意思是一个能够满足顾客需求、可接受的早期产品或服务。未来你依然可以不断升级产品，并增加“你认为”顾客生活必需的所有功能。

> “如果你对自己产品的第一个版本一点都不感到困窘，那只能说明你推出得太迟了。”
>
> ——雷德·霍夫曼（Reid Hoffman），领英的联合创始人

你*不可能*总是能在正确的时机——在市场窗口刚刚打开的最佳时刻——建立公司。但是如果你晚了一步，这个窗口可能就关闭了，或者更糟糕的是，你的竞争对手已经越过这个开启的窗口，利用最低可行产品获得了先人一步的优势。在你还在捣鼓产品的时候，你的竞争对手已经开始获取用户黏性，收集

顾客反馈，陆续推出产品的升级版本了。现在，你的竞争对手已经获得了更重要的东西：市场份额和这类产品或服务的主导地位。

我还记得 2007 年看到的领英的第一个版本。我想，*这没什么大不了的，这个产品还行，设计一般，但是功能挺不错的*。但是领英获得了早期的顾客黏性，在运营的过程中不断地升级改进，这就是为什么他们是当今市场的领头羊。谁还记得第二名是谁？

快速制作原型，如果不行，趁早失败

你得克服对失败的恐惧。我知道，我们从小不管做什么都准备着成功，但是老实说，我们学得最多的恰恰是我们失败的时候。你用蜡笔上色的时候可能总涂出线外，我们中的一部分人在这方面肯定会做得更好，不然我们就都是艺术家了。高中的时候你输了一场很重要的篮球赛，你因此知道了生活并不总是胜利，还有竞争，其中也蕴含着欢乐。

我在圣地亚哥州立大学开设关于创新与创造的创业课程，其间我面临的最大挑战之一是让我的学生敞开胸怀、大胆思考、敢于冒险。他们一直以来接受的教育就是怎样拿高分，怎样让长辈和同伴开心。但是他们心存犹豫，不敢敞开胸怀，迟疑是否应该分享自己的想法，这主要是因为他们害怕被嘲笑或被愚弄。但是这个课程设计的目的就是鼓励敢于提出“一些”想法的个人和团队，而不是奖励提出最佳想法的个人和团队。就在这时他们敞开胸怀，各抒己见，提出了各种各样的建议，开始不怕丢脸地相互合作。猜猜结果如何？他们提出来的解决方案非常出色。

害怕失败？那又如何？

为什么我会在快速制作原型的这一章提到“恐惧”呢？因为大部分人都害怕失败，因此在应该快速制作产品或服务原型的时候，他们行动过于缓慢。如果你要成为创业者，就不能害怕失败。

“生活就像骑自行车，要想保持平衡就得一直前进。”

——阿尔伯特·爱因斯坦（Albert Einstein）在 1930 年 2 月 5 日写给儿子爱德华（Eduard）的信中写道。

你可以尊重恐惧，但要把它控制在一定的限度内；重要的是，你要明白太迟进入市场的代价。我指导了 20 多个创业者，介入的程度各有不同。通过我的课堂以及校园项目，每年我都会接触超过 2000 名将来可能会成为创业者的学生。我也在社区里遇见过许多可能成为创业者的人。以下是我对他们所有人说过的话：

- 生命只有一次，随心而行。
- 不要再过别人认为你应该过的生活，过自己想过的生活。生活中不管你想要什么，你的职业道德会帮助你实现它。
- 专家总是会得到奖赏，同时也会获得更多的机遇。
- 害怕冒险和失败通常都是你心里的感觉，那么是谁控制它呢?
- 你不是生来就要做特定的事，去做你想做的事。
- 拥抱失败，并从中吸取教训，潜在的成功就在失败身边。

托姆·迈克尔罗伊（Thom McElroy）是钻石（Volcom）（见第九章）的联合创始人，关于事业，他如是说，“设计你的运气”。

我喜欢告诉学生和创业者，我并不特别，我只是一个工作勤奋的人，很努力地追求自己想要的东西。我并非生来就是创业者，但在我 37 岁那年成了一名创业者。我遇见了三个人，他们让我兴奋也让我畏惧。我们投入了一场冒险，最后一起创办了一家市值10亿美元的公司。你知道吗？当我回望过去，意识到自己花了太多时间为他人工作，因为我过去认为那就是我应该做的事情，这真是非常愚蠢。

我不后悔从前做的任何事情，但是成为一个创业者让我明白，一个人真的可以做他/她想做的事情。你只需要扎实的专业技能、一个好想法、一些远见，一些激情以及一个团队。因此，克服自己的恐惧，接受快速制作产品原型的想法，看看自己是否拥有有价值的东西。如果失败了，那又如何？从经验中学习，向下一个靠谱的想法迈进。如果你大获成功，那么记住未来也要不断向前发展。

快速制作原型

正如我在前一章所提到的，有很多可获得的有限资源帮你搭建快速原型，关键是要考虑清楚你需要建立或获得什么来制作产品原型，然后评估你的人脉中在这方面可能对你有帮助的人。以下是一些建议，但是这些建议并没有涵盖所有问题，这些确切的条目只是触发你思考，让你快速行动。

人脉

每次说起利用人脉，我问创业者和学生的第一个问题就是“你的人脉有多牢固？”能够利用人脉会给你带来直接或间接的帮助，你的人脉可以给你介绍能帮助你的人。要找优秀的程序员或是软件架构师？那个营养专家怎么样？给你的产品做设计的设计师呢？你的人脉以及人脉的延伸，都能为你制作原型提供想法。

举个例子说明人脉的潜力。萨曼莎是个当地的创业者，她有个开发一款移动应用的靠谱想法，但是她没有资金也没有程序员。我告诉她，我们大学有两门研究生水平的手机移动应用课程，并把她介绍给了那个教授。初次见面以后，教授非常喜欢萨曼莎的想法，于是他让两个学生制作出了最初的产品版本，包括苹果版以及安卓版的手机应用。成本是多少？零。的确，这种情况少之又少。但是你要利用所有能够利用的人力资源来快速建立产品原型。

互联网工具

在我所说的互联网工具中，有大量免费工具或者低成本解决方法，我在第三章里详细描述过。举个例子，想要测算新产品或服务对潜在顾客的吸引力？利用网站搭建工具，搜索引擎优化来吸引潜在顾客的注意力，还可以在流量方面和实际购买方面评估他们对产品或服务的反应。

举个例子，乔恩是个大学生，他的线上营销技能很出众。他知道如何跟踪趋势，几乎每隔一个星期他就可以建立起一个网站（利用 WordPress），只是为了看一看新趋势如何。他曾经用一个服装产品来做试验，结果获得了价值接近 3000 美元的订单。我刚刚有没有提到过他甚至连产品都没有？当然我并不是鼓励他的这种做法。乔恩很快行动起来，找到一家当地的制造商，把产品做了出来，接着在不到一个月的时间里就把所有订单的产品都发给顾客了。但是他的经历让我看到了互联网的高效和颠覆性。这些工具就在那里等着，就看你能否创造性地使用它。关键是测试产品，快速行动，了解自己在做的产品是否能够在市场上大卖。

线上平台

有了像亚马逊或者 Etsy① 这样的线上平台，你可以很快地制

① Etsy：P2P 电子商务网站，以手工艺成品买卖为主要特色。

作产品原型，甚至生产少量产品，在线上市场上先用真实的顾客测试一下。举个例子，一个当地创业者苏珊开始在 Craigslist[①] 上销售自己的头发护理产品，以此作为检验市场的方式。

你开发了一款移动手机应用？把它上传到安卓和苹果的应用市场里，在脸书上传播这条信息，看看会有什么反应。想要试运营一种线上辅导服务？拍一段个人的培训视频，然后发布在 YouTube 和 Vimeo[②] 上，观察视频获得的反响。这里的关键是不要考虑任何*不能*做出产品原型的理由，而是找出*实现*它的所有方法。

新技术

好像每天我们都会听说一款应用了新技术的硬件或者软件，甚至是一种让某件事更好、更快、以更低成本实现的服务。举个例子，今天的移动应用似乎就威胁着我们很多现有的技术“生态系统”（例如，移动应用 / 手机上的 GPS 功能 VS 老式的佳明［Garmin］设备）。因此你要关注市场上时刻变化的动态，

① Craigslist：线上大型免费分类广告网站，1995 年在美国加利福尼亚州创立。

② Vimeo：高清视频播客网站，与大多数类似的视频分享网站不同，Vimeo 允许上传 1280 × 700 的高清视频。

这样才能完全了解市场的潜力。

你必须关注市场，这是因为新技术进入市场后会引起你一开始完全察觉不到的涟漪。这些涟漪可能会慢慢扩散，影响到你的新产品或服务。举个例子，Square刚刚推出自己的付费硬件和软件应用时（1英寸大小的无线设备），有多少根基深厚的终端零售公司深感不安？这家公司正在改变这个行业，让人们能够在他们的智能手机和平板电脑上实现虚拟的“现金收银”操作，全部都是无线产品。为了理解这个发展的重要性，了解其他可能出现的机遇，你必须学习人们和企业所有者利用Square的方式，预测他们接下来的需求。

还有移动应用、电子商务网站平台，以及其他能够通过智能手机实现销售的新技术。智能手机为越来越多的商业活动、已有社交媒体提供了平台。因此问问自己：这会创造什么机会？当你真的窥见机遇时，要马上生产出产品或服务的原型。

加工制作

在上一章，我讨论了制造资源。这里的关键是了解当地有哪些可用的资源能够帮助你创建原型。但是，如果把范围扩大到方圆150英里，那么就会有更多的选择。举个例子，利恩是一名来自圣地亚哥的创业者，她有一个女式可折叠鞋的设计点子。她在当地找不到帮助她制作原型的资源，又不想去找国外的制造商，于是利恩走访了洛杉矶的时尚街区。在随意闲逛，跟设计师、供应商、小创业者交流的时候，她选中了一家在设计和生产两方面都能帮到自己的供应商。

推荐你了解“时租”的制造和工程场地，他们能够提供设备和一些资源，而且按小时收费帮你生产原型。一些有魄力的创业者租用闲置的商用厨房来测试和制作他们的食品原型。马库斯是一个卖新款时尚立式桨板的创业者，他在圣地亚哥找了一个当地的冲浪板制造商，这个制造商没有把马库斯当成竞争对手，反而跟他达成了合作协议，在生产自己的冲浪板之余也会给马库斯制造立式桨板。这为马库斯节省了一大笔钱和大量时间，因为他过去一直把桨板的制造外包给了海外制造商。因此，多想想其他可能的方式，理论上的竞争对手在现实生活中并非全是你的竞争对手，他们也可能是你的供应商。

另外一种制作原型的方法是利用当地的大学。除了孵化器，也可以看看现有的资源，你要明白，为了完成学业，学生经常需要创作出一些成品。这通常涉及工程、计算机科学、营养学、电影、平面设计这些学科。和教授们建立联系，或许你的产品就会成为某些学生的毕业设计。

最后，如我在第三章中提到的，3D 打印技术正在颠覆我们生产商品的方式。这项技术必然会给创业者生产产品原型的方式带来极大的改变。如果你还没了解过 3D 打印技术，现在就开始了解吧。它可能会是你快速创建产品原型最节省成本的方式。

本地或其他地方的市场状况

真正快速创建产品原型也意味着在包含了目标顾客群体的市场中测试产品或服务。我曾见过有人把合适的产品推销给错误的人群，因而产品在早期测试中失败了。因此，确保你是在正确的地方、正确的时间以及在正确的潜在顾客中测试你的产品。

记住，*在起步阶段*，你的顾客并非整体顾客群中的每一个人，而是包含了早期的使用者以及有影响力的目标顾客的群体。如果你的产品在这个群体中获得成功，他们会把你的产品介绍给其他的顾客群体。

我曾经和克劳迪娅一起工作。她是一个年轻的创业者，基于 GPS 技术设计了一些户外数字显示屏的广告。她认为自己的顾客是营销代理公司，他们会把她的产品推荐给自己的顾客。她花了大半年的时间尝试在那个行业里建立关系，和代理人见面，但是收效甚微。她的运作模式原型确实很棒。另外一个创业者给她提出了一些建议，她开始接触一些当地的小公司，有一些门店设在大型户外电子屏的附近，有一些橱窗上可以悬挂电子显示屏。此后销售量暴涨。因此，找准最早的目标顾客，这会让你尽早进入恰当的市场。

真实案例——快速制作产品原型

当然，快速制作产品原型并非只是针对产品原型和测试。这代表着一种心理状态：*加紧把产品推向市场*。接着，根据顾客的反馈改进你的产品。这个产品可以是一款移动应用、一件衣服、一种新的食品、一个电子商务网站，具体是什么不重要。重要的是你要快速进入市场。别再等待。速战速决，要么快速失败，要么大获成功。

下面举一些快速制作产品原型的例子，它们都来自真实的创业者和真实的产品。你要从他们的经历中学习。不要认为这些公司现在或者以前都不曾失败过。列举这些案例是为了说明这些创业者如何快速地制作解决方案的产品原型，以便他们能够迅速地在他们的市场里测试这些产品原型。

环保时尚太阳镜

詹妮非常热衷于社会公益事业，她珍惜把真实的产品和伟大的事业联系在一起的机会。这和汤姆布鞋的做法差不多，完全可以形成一个商业模式。但是詹妮希望能够产生更多“个人化”的影响。所以她做了大量的调查，找到社会上急需又可以通过附加资源获益的需求。（记住，詹妮这时还没有生产出任何产品，甚至连想法都没有。）她关心的是她的公司可以让*哪些人*获益。

作为调查的一部分，詹妮发现世界上有超过 10 亿的人为各种形式的视力障碍所困扰，有些人是没有地方配眼镜，有些人是得了白内障却没办法医治。解决方法很简单：提供二手的眼镜，或者是价值 15 美元的白内障手术。詹妮决定以此作为公司的使命。

现在，她需要找到一种可以产生收益的产品来资助这个伟大的事业。詹妮仔细了解了几种潜在的产品，但是似乎没有一种可以引起共鸣。有一天，当她步行穿过机场的时候，她“看见”了这个产品。当然，还不是*理想中*的产品，但是已经非常接近了：太阳镜。接着詹妮研究用可持续利用材料来生产太阳镜——可持续利用材料也是她关注的内容。她也认为一个有社会责任感的企业在巨大的市场上能够引起反响。

詹妮接着又做了更多的调查，决定将太阳镜的生产交给海外制造商。当时她还不知道要联系谁，于是詹妮登录了几个供应商门户网站，找到五个制造商，她提供了产品的规格让这五家制造商报价。所有的制造商都无法生产出完全合格的太阳镜，但是有一家制造商更为接近。他们寄送了一些样品，怎么说呢，这些样品看起来很廉价。但是詹妮从来没有跟任何一家制造商打过交道。于是，她没有跟有使用海外制造商经验的创业者请教经验，就用从家里借的 1500 美元直接订购了 300 副太阳镜（这是最低订购量）。

这些眼镜很快到货，产品看起来真的挺不错。詹妮请人做了一个商品陈列架，说服了当地一家商店摆放这个陈列架，每一副眼镜卖 49.95 美元。马上就开始有人买这些眼镜了。它们是用可持续利用的材料制作的，这也清晰地展示在陈列架上，展示的还有销售所得钱款的去向。这次运营尝试让詹妮明白，这种具有社会服务性质的产品也有市场，这是支持她事业的一种方法。

基于网络的软件工具解决方案

我遇见安德鲁的时候，他还是圣地亚哥州立大学的毕业生。他是一个才华出众的学生，拥有两个工程学位，刚刚获得 MBA 学位。但是有一个非常大的问题，那就是他对毕业后做什么完全没有想法。他可以很轻松地找到工作，但那不是他想要的。他对于创业非常着迷，对互联网也非常感兴趣，所以他开始学习一切线上营销的知识。

为了维持基本生活，他给很多小企业做线上营销顾问。但是做顾问的自由职业生涯并没有给他带来持续的收入，一年后安德鲁就开始为生计挣扎了。绝望中，他重新设计了自己的咨询网站。他对网站平台工具的功能越发失望，于是为了给网站寻求更好的解决方案，他自学了两种编程语言。接着安德鲁优化了新网站的搜索引擎。

在接下来的 24 小时里，安德鲁收到了 500 封来自线上开发者的邮件，他们询问在哪里可以买到他们在网站上看到的两种

“插件”，这些插件简化了一些编程任务。他找到我，询问“我应该怎么做？”

我回答他，“你能想办法打包所有的编程代码，然后把他们卖出去吗？”他说能。那天晚上，安德鲁重新设计了自己的网站，现在算是一家软件工具公司了。他开了一个 PayPal 账户，找到了一种安全的方法来发送编程代码，然后订单纷至沓来，他通过电子邮件把这些编程工具发送给其他开发者，这一切都是他自己完成的。

他的产品大受好评，美言传到了更远的开发者社区。很快，安德鲁一天就会收到 50 封邮件或订单。他又重新设计了网站来处理更复杂的环境中日益增长的需求，这使安德鲁确信他做的事情是正确的，他开始创建一家旨在服务网站开发者的软件工具公司。

太阳能产品

亚当从来没给别人打过工。大约五年前他读研究生的时候就退学了，在学校上学的时候，他就开始根据趋势在线上市场销售商品。他的商业模式的基础就是卖有需求的产品，这些产品的质量比线上大众市场稍好，成本则可能降低至少 30%，所有产品毛利至少 60%，大部分产品都是由海外制造商提供，由线上的电子商务公司实现。这是一个虚拟的商业模式，他没有雇佣真正的员工，只有一些大学生实习生。

在美国，太阳能产品最开始只供大型的商业或者民用安装，但是大概两年前，亚当注意到有一些便携式太阳能消费品进入线上市场。那时的产品都很简单，还没出现高质量的太阳能智能手机充电器这样的产品。当时亚当还不知道什么产品可以和自己的产品一起打包进行线上销售更有意义，于是他去了亚洲最大的技术展会。在这个展会上，琳琅满目的新技术产品让亚当目不暇接，在所有针对消费者市场的太阳能产品设计中，他最终找到了一款可以投资的最好的产品。

在一个摊位上，亚当注意到一个配八块面板的太阳能电池板、一个多插头式的黑盒子、一个 16 英寸大小的金属制专用盒子。和制造商聊天的时候，亚当通过智能手机在网上搜索类似这样的移动太阳能产品，但只找到了一款，由一家大型消费者品牌网站提供，价格奇高。亚当向制造商咨询了产品的成本、最低订货量以及发货时间。

在 60 天的时间里，亚当开始在两个线上市场销售这种移动太阳能充电装备，每个市场每天都能获得 299 美元的订单，每周就是 4200 美元的订单，两个月之后，亚当重新检查了网站，并对搜索引擎进行了优化，订单数量立刻翻番。

健康天然食品

无论何时，意外和机遇的碰撞总能产生新产品。关键是当你看到机遇时，能否察觉到。莎莉就看到了这样的机遇，但是那时她还只是个孩子。但是不久之后，她就付诸了行动。在莎莉小时候，她父亲就对水果蔬菜等天然食物很有想法。一天，父亲意外发现一种为水果脱水的简单方法，他根据自己的经验做了一个自然脱水机，开始为家人，包括孩子们制作脱水水果。

快进 15 年，现在他的一个孩子已经是世界级的铁人三项选手。莎莉在全球各地训练、参赛，比赛的时候，她总是会随身带一些脱水食品。其他运动员注意到她吃的这种食物，问能不能也给他们带一点，于是在比赛中她开始带更多的脱水食品。就在“退役”前不久，莎莉研究了怎样大量生产这种脱水食品，认为她可能可以把这种简单的产品发展成一项事业。

回家后，莎莉拜访了几家种植园，了解农产品的收成、脱水工序、包装和分销。莎莉运用有限资源的思维以及快速生产产品原型的理念，用从朋友和家人那里筹集到的资金生产了一些样品，接着她在各种比赛中销售这些产品。获得的反馈都是非常正面的，但是莎莉觉得这可能不是真正的市场。她是在销售产品，也获得了不错的反馈，但她并没有真正赚到什么钱。

铁人三项运动员这个市场里有坚定且有声望的推广者，但是这个群体的人数太少，而只有大销量才能让这个产品成为一个可持续的产业。它也应该卖给有健康意识且收入颇丰的顾客。因此，莎莉找了一个自由职业设计师重新设计产品包装，让产品看起来更容易被顾客接受，以吸引更多的人。接着，莎莉开始拜访当地的独立健康食品和有机食品商店，把自己的产品推销给这些商店的经理。开始的时候，销量增长缓慢，但是她获得了越来越多的独立商店的支持，也开始在网上销售。口碑营销和好看的包装让莎莉在地区健康食品连锁店有了自己的一席之地。现在她的脱水水果在1000多家商店里都有销售。

创业者洞见

几年前，在一堂 MBA 课上，有一个学生团队决定要根据他们共同的爱好来编写一份商业计划书。他们对海洋情有独钟（其中一些人还是潜水员），也很喜欢音乐，于是，他们开始讨论怎样才能让人在潜水时也能享受美妙的音乐，其中一名学生还是工程设计专业的研究生。他们的商业计划书得了一个B-，但他们并没有因此畏缩不前，他们几乎是抱着玩一玩的心态，开始制作一种防水罩，里面能放一个MP3播放器，还能经受住潜水时的水下压力。

他们带着这个产品进行了一次潜水之旅，它真的奏效了。接着，一个潜在的投资者看到了这个产品原型，认为它的外形太丑（就是一个黑色的盒子）。这个团队马上做了更多的调查，决定把市场扩大到任何可能下水的人。他们找了一家海外制造商，设计了一个漂亮的防水智能手机盒，接着把这个原型展示给零售商店的经理。因为之前没卖过任何类似的产品，零售商店的经理都非常犹豫是否要订购。于是，这个团队建了一个网站，开始在网上销售他们的盒子。他们也把自己的产品送给一些有名的冲浪、游泳和跑步运动员，征询这些人的意见。这样做之后，他们的销量开始激增。

• • • • • •

关键点

在你生产出产品或服务原型并在市场上销售之前，你无法确定自己能否创办一家公司。换言之，有了顾客的反馈，你才能提升你的产品。同时，你需要比潜在的竞争对手更快速地行动起来。所以，应该快速生产出原型，越快越好。

Chapter 06

完全顾客真理

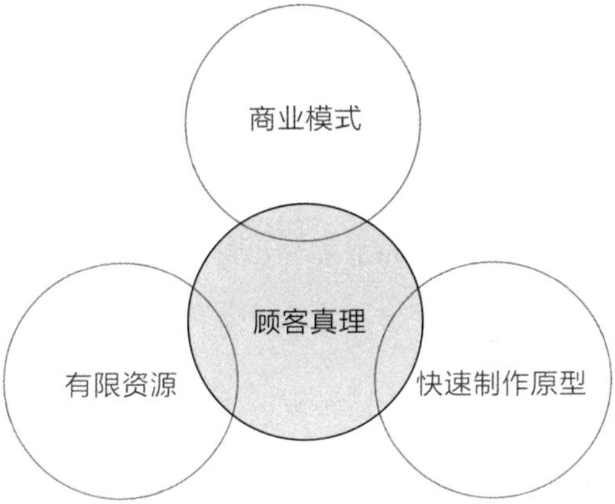

我见过成千上万的顾客，但是你知道吗，我从未厌倦与他们会面，所以你也不应该对此感到厌倦。现在，我的顾客是那些选修我的创业课和参与拉文创业中心的项目的大学生。通过课堂互动以及学生调查，我能持续不断地收到反馈，其中有定量的评分也有定性的评论，我都会逐一阅读。我寻找的是那种让我不禁“啊哈”的小评论，这些评论为我指明了改善课程的方法。就在我以为自己创造出了世界上最好的创业课程时，一条学生评论会让我知道我还有很长的路要走。

精益模式框架就是这样运作的。顾客真理是这个模式的核心。这其中蕴含着一个合乎逻辑的理由：作为一个创业者，你最大的盟友是你的顾客。

“在对与错的问题上，顾客总是对的。”

——马歇尔·菲尔德（Marshall Field），创业者，

芝加哥知名百货公司创始人

如果你与顾客联系、信守你的产品或服务承诺，那么这些顾客会在营销上对你有所帮助。因为他们会写可靠的评论。他们会通过口口相传，向其他人介绍你的产品或服务。但如果你忽略他们，你就是在冒险。一个好想法如果在顾客中运作得很差，那它就真是遇到麻烦了，尤其是当那些顾客可以选择从你的竞争对手那里购买同类产品或服务时。

最近，我开办了一个研讨班，研究一家拥有 10 家零售服务商店、服务于小企业主的当地公司的顾客忠诚和服务问题。山姆

和欧文是这家公司的联合创始人，他们感到自己的企业正处在一个非常关键的转折点。6 年前刚起步时，他们的公司只有 5 名员工，现在公司已经拥有 100 多名员工，但他们还是感觉有所欠缺。他们意识到骄傲自满已经悄然渗入了公司，所以非常担忧。

山姆和欧文认为问题在于培训。在研讨班上，我和他们的员工讨论他们的市场上正在发生的变化——他们的市场是如何变得竞争激烈，并且在未来五年还会更加激烈的。事实是，他们的顾客有很多选择，唯一能让他们从竞争中脱颖而出的，是员工如何为顾客服务。

“我认识到，人们会忘记你说过的话、做过的事，

但是永远不会忘记你带给他们的体验。”

——马娅·安杰卢（Maya Angelou），美国诗人

我让这些员工说出一家顾客服务极佳但是顾客从来见不到员工的公司。他们想了好几分钟。接着一个人说，“亚马逊。”我问为什么这么说。这个人说，“他们信守承诺。”当时房间里的其他员工也纷纷附和。

我接着问他们，“你们当中有多少人每天兑现和超额兑现对

顾客许下的承诺？你们当中有多少人问过顾客什么能让他们开心？你们当中有多少人问过顾客你们能为满足他们的需求做些什么？”房间里静了下来。他们明白了我的意思。

最近几个月，山姆和欧文制订了大量“顾客最佳实践”方案，包括更好的培训、更高的招聘标准、给雇员提供激励机制等。现在他们每周都会对顾客做面对面的定量调查。他们没有花费任何额外的营销费用，他们的企业却在竞争异常激烈的市场中提高了 20% 的收入。现在他们正在积极地追求“顾客真理”。

为什么要取悦顾客？

在你的一生中，很可能从来不会见到一名亚马逊的员工，那么这个“品牌”为什么会如此成功？因为“他们”从来没有停止过回应顾客的需求。1996 年，在杰夫·贝索斯让我们的代理机构来处理亚马逊的全部营销事务时，我们花了数月时间努力筹划如何能让这个品牌从它的竞争对手中脱颖而出。在最开始的三个月，我们甚至没有在任何创新性的元素上进行发掘。相反，我们把注意力放在了顾客身上：关注顾客的期待以及什么能取悦顾客。

在最开始的头脑风暴中，我们陷入了困境，于是我们问自己，“谁为*我们*创造过愉悦的体验？”讨论之后，我们一致认为是精品酒店的服务员。接着我们到精品酒店去拜访了他们。我们目睹了他们是如何记住、迎接那些多次入住酒店的客人的；他们是如何向客人提供当地饭馆的评价的；他们是如何为客人查找报纸信息的；他们是如何询问客人是否享受住店过程的。这种“礼宾思维”植根于亚马逊的日常工作中，它基于寻找顾客真理，因此你能发现如何取悦顾客。

拥抱顾客真理

为了快速失败或是成功壮大，你需要了解你的顾客。你还得接受这样一个观念：顾客反馈，或者就像我喜欢说的“顾客真理”，对企业的成功至关重要。市场的坟墓里堆积着那些拒不倾听顾客的公司，例如百视达（Blockbuster）、黑莓（Blackberry）、博德斯（Borders）、A&P 食品连锁、诺基亚（Nokia）、柯达（Kodak）、Tower Records[①]、电路城公司（Circuit

① Tower Records：零售音乐唱片连锁店。

City）。还有很多大公司也徘徊在失败的边缘，它们在接下来的几年时间里几乎注定会失败。或许有线电视公司、娱乐和快餐公司以及几个不关注顾客或市场发展的零售品牌都会在这个简短的名单中。

大部分学生和很多潜在的创业者不清楚了解潜在顾客的*一切*的重要性，这让我非常担忧。好吧，你没办法什么都了解，但是了解一些重要的事情怎么样呢？当别人向我推销一个想法时，我首要的问题就是关于潜在顾客的。但创业者或学生总是支支吾吾。或许这是我大量的品牌经验、长期的营销生涯以及我的创业和转行生涯的缘故，但是我相信，尽可能多地了解目前或未来的顾客是非常重要的。

在这一章里，我会分享我在品牌策略以及营销方面与顾客真理相关的感悟和经验。接着我会围绕着顾客和他们的购买倾向，举出一些我的（坦白说来，也是任何一个创业者的）期望和工作伦理的例子。

双眼紧盯顾客

在早期的职业生涯中，我曾经在一个营销机构的客户团队中工作，这个团队与通用动力的高端汽车品牌凯迪拉克合作。说实话，在我 27 岁的时候，我并不认识任何年龄在 45~70 岁的凯迪拉克顾客，跟他们也没有任何共通之处。我翻看了手头的全部研究资料，查阅所有的顾客调查数据，但我还是觉得自己对凯迪拉克的产品、经销商和顾客了解不足，并且我觉得自己对市场竞争的了解更加匮乏。因此，在这个团队的第一年，我把很多空闲时间都用在了拜访凯迪拉克以及竞争对手的经销商上。我研究展厅的环境，和销售人员会面，还在顾客休息室里和顾客交谈。我向顾客了解他们的产品与服务体验，询问他们买了多少辆凯迪拉克以及购买的原因。

那一年晚些时候，带着顾客给我的启示，我开始向凯迪拉克的管理层提出战略建议。当他们问我提出这些建议的根据是什么，我告诉他们，那一年我见了超过 250 个顾客。和我对话的凯迪拉克高级营销经理说，他怀疑整个管理团队是否见过这么多的真实顾客。这个发现让我感到非常吃惊。难怪凯迪拉克在 20 世纪八九十年代会遭遇困境。

还有一次，我所在的机构分配我与尼康公司合作。我喜欢他们的相机。但我对真正购买这些相机和配件的顾客所知甚少。于是我把空闲时间花在了相机店里，我去参加摄影展和相关活动，去和专业摄影师会面，我还上了一门为初学者开设的摄影课，并从当地的零售商那里买了一台尼康相机。我对尼康所处的整个“生态环境”了解了很多，更重要的是，我了解了他们的顾客以及市场趋势。这些启示让我能够为尼康推荐一种配件销售与营销策略，这一策略为尼康带来了数百万美元的额外年收入，也带来了更多满意的顾客。

后来，我跟苹果公司合作，主要为他们的教育渠道销售提供营销策略和活动，我和教育渠道的销售人员在电脑经销商那里见了面。接着我走访了几所初中、高中，以便更加深入地了解购买苹果电脑的人群及其购买原因以及在校学生如何在教室里使用苹果电脑。我了解了大量教育方面的事情，也了解了苹果在儿童教育领域的愿景，包括使用强大的硬件和软件技术。这些启示让我可以为苹果公司提供能够提升其在教育市场份额的营销策略。苹果较早地关注教育市场中的顾客，让他们成为教育领域的主导者。这也是一个经典的品牌与营销策略：应该尽早地、频繁地接触未来的顾客，以便能够继续向这些顾客推销后续的产品，比如音乐播放器、智能手机和平板电脑。

我在 CKS | Partners 做合伙人时，为亚马逊制订了整合的品牌和营销战略。开始时，我非常好奇在 1996 年谁会真正的在网

上买书。我们的团队花费数月时间研究了几个市场，包括传统书店和正在兴起的线上电子商务平台。我们非常努力地想要了解一开始谁会真的在网上买书，但我们更想知道的是，谁是我们需要主攻的人（那些会把我们带向更大的市场的人）。我们所有的调查都指向了一个核心影响者目标市场，他们的人数不到200万（例如那些喜欢读书的人、早期科技产品用户、高收入人群等）。我们的调查表明，在美国，他们大多分布在两三个州，可能是在四个主要的城市里。这一对用户的密切关注，加上我们对于营造一种顾客“体验”的重视，让我们在接下来的两年中为亚马逊的销售带来了爆发式的增长。

你不是顾客

你不能仅仅因为自己正在创办一个服务于某个顾客的企业，就假设你了解这位顾客想要什么和需要什么。为什么这么多的创业者认为自己了解顾客想要什么或者需要什么，甚至当这些创业者自己并不属于目标顾客群体时？即便你*确实*属于这个目标顾客群体，也不要认为你就是顾客或者你比他们了解得更多。不要这样做。你想知道为什么吗？*你不是顾客*。

你见过一个 45 岁的创业者经营一个为 18~25 岁的顾客生产产品的创业公司吗？或者，反过来你见过吗？如果你见过，那么你有没有想过，他 / 她在想什么？下面是给创业者的一些建议：不要认为你了解你的潜在顾客，永远不要。这个认识会迫使你做一些事情：

- 持续地研究市场和趋势
- 基于尽可能多的事实做出关于顾客的决策
- 与有客户洞察力的人待在一起
- 不断了解探访顾客环境

很多创业者和公司创始人说话时就像他们是顾客专家一样，然而，就在昨天，在他们开始创业之前，他们还是工程师、营养学家、律师、会计、程序员，诸如此类的人群，他们什么时候把自己变成了顾客？

以下是为了更深入地了解你的潜在顾客，你应该做的事情。问问自己这些类型的问题：

- 顾客的年龄、收入、性别是什么？
- 他们住在哪里？
- 他们住在什么房子里？
- 他们听什么类型的音乐？

- 他们开什么类型的车？租的还是买的？
- 他们去哪里买衣服？
- 他们通常买什么类型的食物？
- 他们在生活中如何使用技术？

我可以继续罗列这些问题，但是你应该已经明白我的意思了。你要了解你的顾客。你不能假设自己了解关于顾客的一切，甚至不能假设自己了解关于他们的任何事情，你不能*假装*自己是顾客肚子里的蛔虫。

真实的顾客，真实的场景

以下是发生在真实创业者身上的真实情境以及他们分别是如何了解他们的潜在顾客的。

专属年轻女性的潮流

保罗和格里芬是两个年轻的创业者，今年 26 岁。大概四年前，他们围绕着一款时尚产品开始创办自己的公司，主要是 15~22 岁的女性购买他们的产品。他们将自己沉浸在顾客的世界里，以便了解和维持他们对于这个市场的信息。他们参加以时尚买家为主的贸易展会和活动，这样他们能从专业买家那里获悉当下的时尚趋势、热卖产品以及未来的时尚界新宠。他们参加时尚展会，甚至是音乐会，一直留心那个年龄层的女性在做什么、穿什么。

很可能保罗和格里芬所做的最重要的事情之一，就是请了10个跟顾客年龄层相符的实习生为他们工作。这些实习生负责更新网站，和分销商交流，以及和商店店主打交道。他们负责更新网站上的时尚博客，还要更新公司的社交媒体。他们根据自己注意到的趋势，为保罗和格里芬提供了很多产品设计方面的反馈和启示。这是与顾客保持联系的一种极佳的方式。

互联网图片应用

邓肯是一个35岁的连续创业者，他的创业方向是*移动*互联网。他曾经创办并出售过两家提供移动服务和（或）应用的公司。邓肯之所以创办第三家公司，是因为他开始注意到人们上传到网上的照片多到令人吃惊。据估测，人们每天上传到网上的照片数量超过10亿。在邓肯的团队开始进行市场调查时，他们注意到年龄在14~18岁的顾客群体热衷于上传他们的照片，这个群体就是“最佳击球点”。他们花越多的时间研究这个年龄层，就越确信他们在这个市场有许多潜在的产品。

这个创业公司里的其他人都是和邓肯年纪相仿的软件编程师，于是他们开始创建产品原型。大约 45 天的时间内，他们就开发出了在平板电脑上使用、能够运作的产品原型，然后他们开始在处于目标顾客的年龄层的家人、朋友间测试这个产品。

但是没有人喜欢这个产品。他们认为这个应用的功能并不是特别好。十个潜在的顾客中有七个人说他们不会下载这个软件，即使它是免费的。因此，这个产品又重新回到了设计桌上。这一次，团队让一些大一学生参与到产品的设计和功能制订过程中，这次他们开始获得一些真正的启示。他们很快制造了另一款产品原型，然后在 16~19 岁的年轻人中测试这个产品。参加测试的顾客群体很喜欢它，并提出一些让更年轻的群体也喜欢它的建议。根据这些反馈，他们为智能手机平台制作了最终产品并对外发布。当年，他们将获得 200 万的下载量。

寻求顾客真理——永无止境

*永无止境地*思考，即“不间断地”思考。尽管你刚刚成立了自己的创业公司，你也要接受这个理念：你将不断地置身于

顾客的环境中，以了解顾客。你不仅要置身于他们作出购买决定时的环境，而且要置身于任何真实的顾客环境中，不管是零售商店、代理服务点、饭店、当地商场、机场还是便利店。你将非常到位地研究顾客行为，以至于你会“知道”他们接下可能做什么。

除此之外，你还要拜访竞争对手，看看他们是怎样对待现有顾客的以及还有什么可能的提升空间。举个例子，我自己的公司专门做创造新品牌或推出新产品的工作，我经常来到顾客的环境中，和真实的顾客会面。我从来不会仅仅依赖问卷调查的数据或者第三方的行业报告。我需要“感觉和接触”顾客。我需要看到他们的感受，以便更好地理解他们的模式，真正洞悉那些正在影响他们或可能正要开始的趋势。

作为一个创业者，你要对理解当前或潜在顾客的方法抱有热情。这里顺便提一下，如果当时百视达和博德斯书店能够观察他们的顾客、听取他们的意见，那会对他们大有裨益。

预测顾客想要的

“顾客或许并非总是知道他们想要什么，但是他们从来不会错。”我相信这句格言中所蕴含的最重要的一条建议是，简单地承认顾客永远不会错。他们虽然并不总是对的，但是从来不会错。作为一个创业者，似乎很容易认为自己知道顾客想要什么。如果你有过拉里·佩奇在谷歌诞生以前的经历，如果他说“网上搜索结果很糟糕，我要让搜索结果更加准确”，或许你会认同他。我想你不需要做顾客调查就能发现人们想要一个更好、相关度更高的搜索引擎。

“采用焦点小组的方式设计产品真的非常困难。很多时候，人们并不知道自己想要的是什么，直到你告诉他们。”

——史蒂夫·乔布斯（Steve Jobs），

苹果、皮克斯（Pixar）、Next 公司的联合创始人

但是其他情况下，了解顾客需求更加困难。例如，你正在设计一款汽车，它可能要 3~5 年的时间才能面市。在还不知道未来五年世界的变化的情况下，你会问顾客他们想要什么吗？顾客是设计师吗？甚至他们能分清什么是他们想要的、什么是他们需要的吗？如果你读了史蒂夫·乔布斯的那句引言，这似乎是说得通的。但是，你真的想要两边兼顾，并获得直接的顾

客启示吗？当然可以，但是这并不能推进决策过程。不过它能够提供更多启示，或者帮助你确定一些设想。

在我 20 年的经验中，我没有一次是通过焦点小组或顾客调查来设计或决定最终产品的。说实话，我并非焦点小组的拥趸。12 个人真的能够决定一款产品或服务的命运吗？在我看来这似乎太冒险了。我曾经用焦点小组来帮忙寻找“啊哈”时刻，或帮助发现我们遗漏的部分，但并非是对我们即将做的事情的决断。

当我们在波特兰的办公室登录亚马逊网站的账户时，我们从来没有利用过一个焦点小组来测试我们的设计或建议。我们首先围绕着得力的酒店服务员的理念来打造网站品牌的“灵魂”。达成这一目标后，我们着眼于正在亚马逊网站上购书的早期用户，并且开始研究下一个潜在的顾客群，也就是下一个最可能的 200 万人购书群体。我们发现，这群人是热爱技术的人以及喜欢读书和读诸如《华尔街日报》《纽约时报》等日报的人，还有经常旅行的人。他们主要住在沿海地区，家庭收入较高。他们是思想领袖和影响者。

在杰夫·贝索斯把他从第一轮风投中筹集到的资金，拨出一大部分给我们做营销时，他问起了营销策略。我们向他展示了我们的同心圆策略，同心圆的中心是基于早期用户的核心目标顾客群。我们告诉他我们准备谨慎地使用大量平面广告，以及口碑营销来提升亚马逊的收入。他问我们是否打算投放线上广告，我们说不会。最初的广告会在三家地区性的出版物上刊登，几乎每天都出现在版面小的广告栏里。这些广告以及公关举措将会带动我们将要构建的“热潮”。

我们还建议实施一项附加项目，通过这个项目，目标公司会把线上书籍的横幅广告免费放在他们的网站上，作为回报，他们可以从相应的销售中获得一部分提成。此外，我们的确没有足够的钱来做更多的广告和营销。贝索斯很紧张，坦白说，我们也是。但我们也很兴奋，而且我们确定自己正在做一件大事。成功壮大或快速失败的时候到了。我们发布了计划，然后销量实现了井喷式的增长。

下面要说的是关键：*你需要了解你的顾客*。你要了解顾客的环境。你还要尽可能多地了解顾客的期望。你要有与顾客交谈的能力。但是我也同意史蒂夫·乔布斯的话：如果你让顾客来设计一个 MP3 播放器，最终设计出来的产品肯定不会像是 iPod 这样。大部分人可能不会跟你说他们想要在墨西哥风味（Chiptole）摊位上买一个 1000 卡路里的玉米煎饼，或者说想要一辆像特斯拉那样的售价 75000 美元的电动汽车。顾客会告诉你他们想要什么，但不是他们需要什么。

关于顾客的真理就是，他们一定会告诉你他们*不想*要什么。顾客真理这个概念非常有趣。他们并不总是对的，但是从来不会错。你应该尽可能多地收集信息。仔细倾听，理想的结果是你能为顾客提供他们所需要的。否则，他们就会告诉你现实是什么。

顾客群体以及定位梯子

如果你正打算创办一家公司，或者你看到了进入一个混乱的市场的机会，你要关注*确切的*目标顾客群体，并且首先征服这个群体。你不可能占领整个市场。正如我在这一章的开头所说的，当创业者告诉我他们有一个将会变革现有文明的产品，我会问他们市场规模有多大，他们告诉我说是 1 亿人，接着我让他们找出目标顾客群体，他们还是说 1 亿人。

说真的，你应该把市场细分成几个群体，瞄准早期的影响者或创新者，接着是早期的使用者，然后是下一个群体，再接下来是下一个更大的群体。如果你进入了第三个群体，你的公司很可能会成功。顾客细分网络擦出的火花能够星火燎原地发展起来，而口碑营销更是能够拉动销售。(如果你想了解更多关于顾客细分网络的深刻见解，请阅读马尔科姆·格拉德威尔[Malcolm Gladwell]写的《引爆点》[*The Tipping Point*])

关于人们是如何在大脑中分类“品牌和产品”的，我读过的最好的一本书是阿尔·里斯(Al Ries)与杰克·特劳特(Jack Trout)合著的《定位：头脑争夺战》(*Positioning: The Battle for Your Mind*)。这本书深入浅出，但内容令人惊叹。这本书的前提是，作为人类，我们在头脑中会把一切整齐地分成不同的小类别，他们把这些类别称为“梯子”。里斯和特劳特基于自己的调查和洞察力，认为大部分顾客通常会记得每一个梯子上排名前三的品牌或产品，如果你的公司不能而且也不会进入前三，你最好重新考虑一下你的定位策略或那个市场。

换句话说，如果你不能成为顾客头脑中排名前三的品牌或产品，就要考虑创造另一把梯子了。想想租车行业前五名的公司，五秒钟之内大声说出它们的名字，你能说出三个以上吗？下面是另一个例子。一家新公司想进入快速发展的瓶装水市场，他们知道，在顾客头脑中，在“水”这个类别的梯子上，已经没有多余的位置留给其他品牌了。因此他们创造了一个新类别的梯子——维他命水——然后把自己放在了这个类别里的第一位。这个公司是哪个？维他命水（Vitamin Water）。

因此，在你创造自己的产品或服务之前，应该检验市场以及你在顾客头脑中可能的排位。那里是否还有位子留给其他的品牌或产品，或者你是否需要创建一把新的梯子？

品牌制胜——最重要的因素

我和很多出色的品牌共过事——家乐氏、梅赛德斯奔驰、美国运通（American Express）、尼康、苹果、马自达、动乐（Powerade）、亚马逊、耐克、威德默啤酒、雅虎、水星（Mercury Marine）、约翰迪尔（John Deere）。当你正致力于打造一个现有的品牌或者推出一个全新的品牌，你不会注意到成就这个品牌的所有杰出因素。直到你见到了顾客。他们会提醒你为什么一个品牌是伟大的，又或者为什么不是。

每当我向创业者问起他们的品牌，他们会说，“什么？你是指我们的商标吗？”如果这就是回答，那么他们并不理解品牌策略的力量或重要性。与其花几个小时解释它，我倒是建议他们读一下马蒂·诺伊迈尔（Marty Neumeier）的《魅力品牌效应》（*The Brand Gap*）。我认为品牌存在于顾客的头脑中，是关于他们如何*感觉*某个产品或服务。我认为人们需要相信一个品牌，这种信任源自于产品或服务带给顾客的可靠而持续的“愉悦”体验。创业者一定要十分用心地以最好的设计和心思来“打造”他们的公司或产品品牌。

一个伟大的品牌是顾客认为无可替代的品牌。

以苹果为例，iPhone 只是一部智能手机。将外壳去掉以后，你会看到什么？集成元件。那么为什么大部分的苹果手机用户如此*喜爱*他们的苹果手机呢？为什么他们对这个产品*感觉*如此之好呢？更重要的是，为什么他们认为没有别的产品可以替代他们的手机？

尽可能多地关心和关注你的公司的每一个元素，包括产品和品牌，就像苹果所做的一样。或者，正像我常说的，设计一个糟糕的品牌或产品跟设计一个好的品牌或产品的花费是一样的。

顾客满意及忠诚度

当我问创业者，为了确保顾客满意和忠诚度，他们会做些什么，他们通常会跟我介绍他们在售后会做什么。但那为时已晚。

你应该花时间了解一下，一个设计和推广都不到位的产品或服务会给企业带来什么影响，以及口碑会如何负面地影响未来的销售。市场调查人员注意到，对某个产品失望的顾客向身边的人说起自己的失望的次数，是当他们对某个产品满意时向身边的人说起自己的满意的次数的五倍。

这些负面的谈论影响深远。基于当今的线上评论，这个数量呈指数性上升。然而如果评价是正面的，你可以考虑一下一个满意的顾客的终身价值。

举个例子，星巴克已经完美做到了这一点。假设你每天买一杯星巴克的拿铁咖啡，一个星期 5 天，一年 52 个星期，大概买 20 年。每一杯的价格是 4 美元，那就是 20800 美元。这笔钱数量可观，而且这和顾客的忠诚度紧密联系在一起。

下面是建立非同一般的顾客满意以及与未来顾客建立持续忠诚的四个主要的建议：

- **满足期望**：听起来很简单，但是很多创业者都理解错了。你要尝试满足的是顾客的期望，而不是你自己的期望。
- **超过期望**：除非你建立的是一家垄断企业，否则你的产品最好要超过顾客的期望，这是建立品牌以及甩开竞争对手的秘诀。仅仅满足期望是不够的。

- **取悦顾客**：这是品牌建立的根基。当你取悦了顾客，你也建立起了信任。这份信任让你的顾客感觉你的产品或服务是不可替代的。
- **出色的顾客服务**：这听起来很简单，但是许多公司理解错了。他们拘泥于等级、政策、程序以及其他一切与出色的顾客服务背道而驰的事情。回忆每一次糟糕的顾客服务体验，不要照着那样做。

当你创立了自己的公司，身边的每个人都会关注你。他们将以你为榜样。你正在创造你的公司文化。你会尊重顾客吗，还是你只想要他们的钱？争取获得最大的顾客满意，那么，顾客忠诚也会随之而来。

学会倾听

你无法让每位顾客时时都感到满意。当然，你应该努力尝试，但是从统计学的角度来看，这不可能发生。因此，了解了这一点，你应该找出所有可以与顾客交流的方式，并且真正地倾听他们的想法。

“如果一个顾客满腹牢骚地打电话过来，

你认为我拿起电话跟他们理论一番，他们会很高兴吗？”

——吉姆·西内格（Jim Sinegal），

仓储超市公司好市多（Costco）的联合创始人

你做错了什么，并不总是比你怎么去弥补更重要。你应该走到你的顾客中去。好市多的前 CEO 兼创始人吉姆·西内格在退休之前，每年都会常规性地走访 150 多家商店。也就是说每年差不多有 200 天是在出差。他也会顺便走访竞争对手的商店。他可以很轻松地跟员工和顾客聊到一起。当人们问他为什么这么做，他总是说“眼见为实”。

如果你打电话到好市多去投诉，有些时候他会亲自接电话。我知道这一点。有一次我打电话给他，本想着接电话的会是他的助手，没想到是他本人。这就是我心目中的创业者。

顾客真理由顾客定义

如果你用谷歌搜索“顾客真理”，只能得到些一知半解的回答。有些条目里会谈论，目前顾客“群体”正如何为品牌提供“群体真理”——这是一个整个群体都相信的观点。其他条目则会涉及“顾客忠诚”的经济效益以及一名顾客的经济价值。有一些还提及了“关键时刻”。这可能是行业术语，但它指的是顾客购买产品或服务的整个过程。这个过程可分为几个阶段，对此你应该有所了解。

- 第 0 关键时刻（ZMOT）：这个概念是由谷歌提出的，指的是人们在得到引导他们下一步行动的初始信息之后会搜索什么和发现什么。谷歌发言人说这个时刻指的是“当你拿起笔记本电脑、手机或其他有线设备，开始了解你想要尝试或者购买的产品或服务。”
- 第 1 关键时刻（FMOT）：这个概念是大型零售营销公司宝洁公司提出的，指的是人们第一次看见你的产品时是怎么想的以及当他们看到产品的相关介绍或图片时，脑海中形成的印象。这是把逛街者转变成顾客的关键时刻。
- 第 2 关键时刻（SMOT）：这是对宝洁的理念的延伸，指的是人们在体验你的产品或服务的过程中进行感受、思考、目睹、倾听、触摸、闻、（有时候）品尝的时刻。

这不会发生在第一次购买时，而是发生在多次购买之后。

- 伯尼关键时刻（BMOT）：我认为这是最重要的关键时刻。它指的是品牌如何倾听和回应顾客的问题。它可以小到买一杯咖啡，也可以大到买一台洗衣机。如果“品牌”站出来回应你的问题，并且让你感到满意，你会追随这个品牌很久。如果它让你感到失望，那么你就转身离开它。

我们当中有多少人曾多年一直购买同一款产品或服务——然后问题出现了。产品质量下降，服务糟糕，服务态度恶劣，或只是缺乏尊重。我知道有些人甚至以后都不会*考虑*一下某个奢侈汽车品牌，仅仅是因为一个销售员或一个咨询员在一个很小的问题上处理得不够好。尽管以前他们已经拥有这个品牌的产品长达 15 年！他们还会告诉周围的每个人为什么这个公司做得很失败。

作为一个创业者，你要明白，*不倾听顾客或不能为顾客提供*优质产品或服务会产生的后果。你可以随意按自己的方式给“顾客真理”下定义，但是你要明白它的力量。如果你正在倾听顾客的意见，你会根据他们集体的反馈意见来提升产品或服务。如果你无视他们的反馈，你也就不用担心如何提升产品或服务了——因为你不会有任何销量。

还有一点，不要用这些说辞来给自己的公司开脱："顾客就是不知道怎样读说明书或正确使用产品。"记住，"顾客并不总是对的，但是他们永远不会错"。相信这一点，你才可能大获成功。

创业者洞见

2009 年，凯文和麦克开始开发一款移动应用软件，他们认为这个应用对于移动网络用户非常前卫。它会有多个特点，其中之一是其使用定位的能力，这也是它的核心特点。他们花了一年多的时间进行研发，当他们认为这个产品已经非常完美时，就邀请了一些重要的朋友和家人在他们的智能手机上试用这款应用。

他们收到的用户反馈不是特别好。事实上，这些家人和朋友都说这个应用杂乱无章，功能过多。但是有一个关键的功能他们很喜欢。凯文和麦克听从了"顾客真理"。他们也认为要让公司围绕一个核心运作。于是他们重新开始，围绕着这个大家都喜欢的功能——照片——开发了一款新的应用。Instagram[①] 就此诞生。

① Instagram：跨平台（iOS，Android，Windows Phone）的图片社交应用，搭配强大的社交分享功能，为用户搭建起快速分享生活瞬间的平台。

关键点

要了解顾客满意度和忠诚度的影响，你不一定要是一个品牌专家或营销专家。你也不一定要有10年的顾客服务经验。你真正需要做的是倾听顾客的心声，接受他们关于产品或服务的真理。

Chapter 07

创业者的新投资者：众筹

传统的创业方式依然存在，但是创业资金的世界已经永远改变了。众筹主要是通过互联网平台以捐助或投资的形式筹集资本，捐助人或投资人可以相应地获得未来的产品、贷款、股份，它为创业者提供了前所未有的机会。但现在让我们来看看过去有什么可以获得的以及现在有了什么新可能吧。

传统的融资方式

就在不久前，如果你需要一笔资金来创业，有以下几种来源可以考虑。首先，你可以利用自己的存款，或者冒险一点，用自己的信用卡。或者，你可以找朋友或家人筹集必要的资金。

如果你有抵押品，可以尝试另一种传统筹资来源——当地银行。根据你的产品，还有可能从公司的早期投资者——天使投资人那里获得投资。公司获得了初步发展和收入以后，就有机会吸引私人股份投资者。最后，根据机遇、行业状况、市场规模，你可能获得风险资本家的注资，作为交换，他们会掌握公司的部分股权。

然而，要获得朋友和家人以外的投资十分困难。天使投资人通常每年只投资一到三家公司，投资额平均在2.5万~10万美元之间。通过正式或非正式的渠道，天使投资者每个月可能会约见15~20家公司。对于创业者来说获得投资的机会并不大。在风险资本家方面，创业者从他们那里获得投资的几率比天使投资人还要低。行业平均数值显示，风险资本家每看400份创业计划书，只有一家能够获得投资。尽管他们提供的资金更多，每一笔在300万~700万美元之间，但是他们非常挑剔。尤其是在2000年互联网泡沫和2008年经济危机之后，风投公司在考察尚未获得大量顾客和收入的创业公司时更为谨慎。

“起步的方法是停止纸上谈兵，开始实干。”

——华特·迪士尼（Walt Disney）

融资的新渠道

创业者的资金支持生态已经发生了根本性的变化。2009年，一种全新的筹资方式——众筹——诞生了。众筹就是成百或成千个独立的个人“聚集到一起”来注资一个项目，通常这个项目必须是创业公司的新产品发布。开始时，众筹基于项目发起，它为创业者提供资金，通常以产品“预售”的形式进行。早期的众筹平台包括IndieGogo和Kickstarter。

但是根据《2012年促进创业企业融资法》（JOBS Act of 2012），现在众筹已经扩展到新兴的股权融资平台，在这些公司中，这一平台被用来通过股权交换筹集资金。在2014年下半年，美国证券交易委员会（SEC）会最终确定股权众筹的规则。

为了更好地理解众筹及其可能的影响，下面我会详细介绍众筹的发展、形式、运作方式以及如何最大限度地利用众筹平台。接着，我们会展望一下未来，看一下这种新的融资方式会对创业生态带来怎样的影响。

为什么会出现众筹?

众筹平台的出现有多个原因，包括技术、效率、机遇和投资者。我们是否想象过互联网的力量能够强大到何种程度以及它将如何几乎影响到我们所做的一切?我不确定我们今天是否已经完全了解了这个平台的力量，它已经极大地改变了世界，并将继续改变。

现在创业者发起一个众筹项目，并且在短时间内筹集到几千美元，如果不是上百万美元已经是很简单的事情了。这主要归功于众筹平台内部嵌入的简约强大的技术，以及它们能让数百万的潜在支持者和投资者轻松使用的特点。使用基于网络的众筹平台，你可以迅速地创建一个项目；利用社交媒体和邮件工具，你还可以把这个项目推广给最亲近的支持者以及其他人。

在讲述销售的其他方面时我提到过，互联网及其相关技术使市场变得更为高效。众筹平台也不例外。就像我们目睹 Open Table[①],Etsy 以及空中食宿（Airbnb）[②] 和优步（Uber）这些公司

---

① Open Table：目前美国领先的网上订餐平台，提供方便的网上餐厅预订和计算机定制。

② Airbnb：空中食宿，旅行房屋租赁社区，用户可通过网络或手机应用程序发布、搜索度假房屋租赁信息并完成在线预定程序。

的兴起那样，现在像 Kickstarter 和 OurCrowd[①] 这样的众筹平台也在兴起。对于一些创业者而言，众筹可以为他们的创业公司提供必要的资金。

许多行业分析预测，到 2013 年众筹平台筹集的资金总额会超过 50 亿美元（包括项目众筹和股权众筹）。仅仅是 Kickstarter 一个平台，自 2009 年成立以来就已经为创业者筹集到了超过 10 亿美元的资金。这当然令人瞩目，许多专家预测根据即将出台的政府规定，在未来几年里众筹的市场规模快速增长到超过 3000 亿美元。这对投资机遇而言无疑是个非常巨大的市场，也极大地提高了创业者获得投资的几率。

众筹的力量

那么，究竟是什么推动这些众筹平台的发展呢？*买卖双方的民主化*。每个市场都需要卖家（此处就是创业者）与买家（对创业者来说，是投资者）获得成功。在过去，除非你是某个城市或地区的天使投资人或风险资本家，否则你“看”不见这些投资机遇，或无法在创业公司的最佳时机进行投资。举个例子，

① OurCrowd：来自以色列的股权众筹平台。

有多少天使投资人或风险资本家会亲自着手考察这些创业公司的投资机遇呢？

2010年，美国有462家风险投资公司注册。平均每家有四五个主要的合作伙伴，也就仅仅大约2000人。与此类似，据统计，2003~2008年，美国有大约40万个活跃的天使投资人在投资小公司。现在把这个数字跟众筹平台Kickstarter比较一下，数据显示，自2009年以来，来自224个国家的570万人已经至少出钱资助过至少一个项目。

简单地说，新的投资者就在这里，也在各处。投资者可以是你，是我，以及每一个能够上网，又能拿出一些钱来投资的人。对于创业者，这提供了一个极好的新筹资机会。

众筹纵览

众筹对创业产生了显著影响。尤其值得注意的是，股权众筹可能会为众多的创业公司筹资，将形成一条全新的众筹投资渠道。更新的股权众筹模式，最终将由美国证监会确定规则，它将允许被认可的（资产超过100万美元或年收入至少20万美元）投资者和未被认可的投资者获得私人企业的股份，作为交换，他们会得到这些创业者的所有权股份的一部分。

从最广义的层面上说，众筹是利用互联网，从众多的投资者那里获得小额投资来筹集资金。尽管要准确预测众筹的长远意义仍然很困难，但它一定会长期存在于创业市场中。根据《福布斯》杂志，乐观主义者们，比如连续创业者、天使投资人、风险资本家艾伦·霍尔（Alan Hall），认为未来一片光明：

> 那么这些创业者都做了什么事情来筹集资金呢？他们曾经依赖信用卡、房屋净值贷款以及受衰退的经济严重影响的各种融资工具。所以，如果他们无法从这些渠道筹集到资金，银行也不会帮助他们，我们要意识到，众筹，随着它的发展，将在创业生态中发挥日益重要的作用，不管是否有既有投资工具的参与、智慧与安全保障。

很多人认为创业者筹集资金的选择将发生根本性的转变，众筹正契合了这种观念。

让我们来回顾一下现有的三种主要的众筹平台：回报众筹、债权众筹和股权众筹。

回报众筹

回报众筹代表了在 Kickstarter 和 IndieGogo 等平台上运作的“传统”融资方式。个人将钱捐赠给一个机构、项目或公司，以换取一些回报（折扣、赠品、产品预购或其他）。这些平台现在已经站稳脚跟了。

Kickstarter 是一个线上众筹（股权众筹）平台，这个平台筹集的大部分资金都流向了创业者。如果一个众筹项目成功了，Kickstarter 会获得所筹资金的 5% 作为费用，筹集到的资金会通过亚马逊支付平台支付，这需要花费所筹资金 2%~3% 的费用。Kickstarter 成立于 2009 年 4 月 28 日。它是一家总部设在纽约的营利机构，在 2013 年下半年，这家公司只有 69 个员工。但是令人惊奇的是，这个平台自成立以来，已经帮助创业者获得了超过 10 亿美元的投资，而且这个数字似乎还在逐年增长。

2010 年我第一次听说这个众筹平台时，我并不认为创业者真的可以通过这种方式筹集到资金。但是在 2012 年 5 月 18 日，我改变了想法，当时 Pebble Watch[①] 通过这个平台筹集到

---

① Pebble Watch：Pebble 智能手表是由硅谷创业公司 Pebble Technology 公司设计的一款兼容 iPhone 和 Android 手机的智能手表。

了令人吃惊的10266845美元，尽管它的目标只是10万美元。一个创业者通过家人和朋友可能能筹集到1万~2万美元的资金，但是1000万美元就超出了大部分家庭和朋友的能力范围。Pebble Watch是一种带蓝牙功能、能与智能手机关联的腕表，专家认为资助Pebble Watch的是那些想要提前预订未来的酷炫手表的人。

但是，这些新的“偷窥狂投资者”在选择股权众筹投资之前，仅仅是变换一下他们的回报方式吗？下面是一些回报众筹平台，每个创业者都应该看一下：

- IndieGogo：最开始以为电影众筹为主，现在几乎可以做所有项目的众筹。
- RocketHub[①]：创办时主要考虑艺术项目，也关注科学项目。
- Peerbackers[②]：为创新者和创业者创立的众筹平台，现在也面向年轻人。
- Kickstarter：最为出名也最受欢迎，但是审核过程是出了名的难。

---

① RocketHub：投票式公众集资平台。

② Peerbackers：为中小企业及慈善项目提供众筹机会的网站。

债权众筹

说起投资众筹，大多数人马上就会想到“股份”。但是投资众筹还有完全不同的另一面，也是人们所熟知的“*点对点借贷*”，或者换一个更常见的说法，就是债权众筹。通过这种模式，创业者可以利用*债权众筹平台*进行借贷，并根据筹资协议支付到期利息。

与银行借贷相似，这些项目需要申请人证明信贷价值，或者证明申请人有能力处理、偿还债务。在很多情况下，这给创业公司设置了一道障碍，因为它们还没有完全建立起信用。然而，如果你正在生成销售和现金流，这可能为未来的库存订单筹措资金提供了合适的机会。这就表示，信贷价值并不是借贷方考虑的唯一因素，因此那些被大机构拒绝的创业公司仍然有机会通过这种方式获得资金。对于已经通过债权众筹获得贷款的创业者，由于利率各不相同，因此应该比较一下哪一家能够提供最佳的利率和条款。

在不同的平台上，债权众筹的程序也各不相同。一般来说，你需要提交一份申请表。通常情况下，债权众筹平台会列出非常详细的条件，因此在提交任何信息前，请反复确认你符合条件。一些众筹平台会评测某个项目的财务风险，以此作为他们自身项目评测的一部分，这与其他投资者可能会进行的尽职调查有几分相似。正因如此，并不是所有的申请都会通过。

起步时，你应该查看以下债权众筹网站：

- Funding Circle①
- Lending Club②
- Prosper③
- Zidisha④
- Index Ventures⑤

国外还有很多非常活跃的平台可以参考，例如 Assetz Capital⑥和 Zopa⑦。

---

① Funding Circle：英国 P2P 网贷平台，小企业融资平台。

② Lending Club：美国 P2P 借贷平台。

③ Prosper：美国的一家 P2P 在线借贷平台网站。

④ Zidisha：为非洲小企业主提供低利息贷款的 P2P 融资平台。

⑤ Index Ventures：一家著名的风投公司。

⑥ Assetz Capital：英国 P2P 借贷平台。

⑦ Zopa：英国 P2P 网贷平台，全称为英国 Zopa 网上互助借贷公司，Zopa 是 Zone of Possible Agreement（可达成协议的空间）的缩写。

股权众筹

比起传统的融资渠道，股权众筹是另外一种很好的选择。这是众多个人（投资者）的集体努力，他们通常通过互联网众筹平台把他们的钱聚集到一起，以股份的形式提供投资资金，以此支持创业者。

股权众筹也指一家公司通过出售少量股权给广大投资者的一种融资方式。目前，股权众筹是发展最不充分的众筹形式，但这一情况正在迅速改变。一旦美国证监会的提案最终被确定下来，众筹的这个领域将迎来爆发式的发展。

美国证监会所提议的股权众筹新条例的通过历时长久。股权众筹是作为《2012 年促进创业企业融资法》的一个条款出现的，该法案于 2012 年 4 月通过并成为法律。这些法规可能在 2014 年会最终确定，下面是 2013 年 10 月美国证监会提出来的一部分早期建议性条例：

- 在任意 12 个月的时间内，创业公司集资不能超过 100 万美元。
- 年收入或者净值低于 10 万美元的投资者，投资上限为 2000 美元，或者是年收入或净值的 5%，两者取其大。

- 年收入或净值超过 10 万美元的投资者，投资上限只能是年收入或净值的 10%。
- 交易的进行必须通过第三方。第三方包括注册经纪人或新型实体“集资门户”。

处于起步阶段的公司在寻求启动资金时，最有可能采用这种新的融资方式，但并非所有众筹平台都能为创业者提供这种融资方式。

股权众筹的发展让创业公司和创业者大为兴奋，现在他们多了一种可以替代传统风投的选择。你应该浏览的股权众筹平台有：

- OurCrowd
- Grow Venture Community[①]
- Micro Ventures[②]
- Angel List[③]

---

① Grow Venture Community：来自印度的种子资金集合平台，是一个培育生态，让系统、创业者、专家、出资者、团队成员、客户和合作伙伴能够连接。

② Micro Ventures：微型借贷与投资网站，股权众筹平台。

③ Angel List：美国股权众筹平台，采用“领投 + 跟投”的模式。

- CircleUp[①]

这类网站还有许多。做好尽职调查；利用你的人脉，挑选你感觉能助你成功的平台。

众筹项目小贴士

在了解了利用回报众筹和股权众筹平台的几个成功项目之后，我可以提供一些启示和小贴士，帮助你更好地为众筹做准备。

对于回报众筹

像 IndieGogo 和 Kickstarter 这样专注于项目或回报的众筹平台，对于创业者来说是绝佳的筹资策略。你应该仔细了解这些平台及其规则。如果你要开始众筹，你需要研究其他成功的项目。专家的建议是，你可以制作一个视频，并充分利用社交媒体。下面是帮你开始众筹的一些关键贴士：

1. **给人们讲一个精彩的故事。**如果你想筹集资金以开发一

① CircleUp：是一个帮助小型消费品零售公司筹集资金的网络平台，总部位于美国旧金山。

款自己倾注了热情的产品或服务，那么请给人们讲一个精彩的故事。在你的故事里加入一点激情、一些个性。不要过分渲染，但是要给人们一个“情感上”的理由来支持你。

2. **谨慎设定融资目标。**你要获得开发、测试新产品或服务所需的资金。一些小的创业公司把融资目标设定在1万~4万美元之间，这个目标很合理，他们也达成了自己的目标。有一些企业想要筹集7.5万美元，但却只筹集到了4.7万美元，所以他们一分钱也拿不到（你筹集到的资金一定要达到或超过目标金额才能拿到这笔资金）。

3. **制作一个精彩的视频。**视频好像是人们决定是否要投资一个项目的最主要的原因之一。千万不要把视频做得很业余，不要用苹果或网络摄像头进行拍摄。要找专业人士来拍摄视频，可以是电影专业的学生，也可以是自由职业者，制作一个充满创意与个性的引人注目的视频。

4. **设计合理的回报方式。**有一些创业者认为通过设置37个回报层级就可以涵盖所有可能的投资人。事实并非如此。应该把它简化为10个或10个以下更容易理解的回报层级，更重要的是，这样你也更容易获得融资。

5. **提前准备好生产计划。**如果你正在让一家制造商帮你制作产品，请提前做好计划，这样你一筹集到资金就可以马上利用了。你应该找到多个竞标者，了解生产及配送的时间线。

6. 网上营销。创业者需要在亲友圈子以外创造口碑影响力，你可以通过线上营销工具实现这一点。你应该提前做好调研，找到你可以进行口碑营销的博客、网站、领英圈子等。

7. 发邮件也同样不可小视。你应该花时间琢磨出几份令人信服的邮件（至少提前准备 5~7 份），邮件内容能简洁有力地把你的故事讲出来。邮件中附上你的众筹项目和视频的链接，随时更新项目的进展。结尾要简单但充满感情，给支持者一个关注你的理由。

8. 欣然接受你的新工作。创业者经常低估了一个 30~45 天的项目所需要花费的时间。这是一份全职工作，几乎每天都要用心运作。投入时间方有收获。

9. 赞助者就是支持者，支持者就是赞助者。一旦有人投资你的项目，就让他们参与进来。你应该不断地更新状态，可能是一些幕后的照片、产品开发的视频——任何让他们感觉特别的事情都行，这样他们会在自己的朋友圈中向其他潜在的赞助者传递信息。

回报众筹或项目众筹平台实在令人惊叹。你或许能筹集到 5 万美元或者更多的资金，并且你还不用放弃任何股份或背负任何债务，还有什么其他地方能让你筹集到资金或预售产品吗？创业者们，如果可以的话，好好利用这些众筹平台吧。

对于股权众筹

股权众筹为创业者带来了一个全新的投资群体，同时也改变着某些行业早期的投资方式。这种新投资方式可以使创业者和投资者迅速地建立联系。既然它有很多优点，例如，更快地进入市场，接触到更多的投资者，拥有更好的潜在的战略关系，下面我们来考察一下如何发起一轮可靠的股权众筹活动。

1. **准确定位主要的投资者**：大部分的投资人群会追随一个主要的投资者，因此关键是培养和靠近这个其他人尊重和信任的主要投资者。如果你很幸运，你的某些早期投资人或者是非常著名，或者是拥有相当好的信誉，能在吸引新投资者时为你提供一些社会证明。在你稳定了主要的投资者之后，再转向那些不那么知名的投资人。

2. **保护你的股权**：不到万不得已，不要放弃太多股权。仅仅因为你入行不久，并不意味着你就一定要对不公平的要求妥协。举个例子，一些投资者可能会要求得到董事会席位。除非这个投资者具有非常重大的战略价值，或其投资占你的融资目标的 50% 以上，此时你应该多花点时间审慎地考虑这些要求。问问这个投资者是否愿意以顾问的身份帮你。

3. 在众筹的丛林里步步为营：不管股权众筹如何发展，它都会受到严密规范和监管。如果你通过这些平台进行股权众筹，法律（或者平台）会要求你核实投资者是否是经过认可（规范仍在最后确认中）。一些创业者利用提供认证服务的第三方公司来确认被认可的投资者。这会为你节省很多时间，并能让你符合美国证监会的要求。

4. 利用好时间：用下面这个简单的模式来管理你的主要投资者，几次邮件往来和对话之后，评估潜在投资者投资的可能性。按轻重缓急安排你的时间，关注那些最有可能的投资者。避开那些过于关注短期盈利，而不关注品牌建设和迅速占据市场份额的投资者。密切联系行业或市场的长期战略投资者是最可能的潜在投资者。

5. 频繁、有效地沟通：投资者不喜欢对项目一无所知，或者突然发生的变数。你应该频繁地向投资者发送关于其所投资项目的进展、获得的重要认可、任何积极的公共关系以及可能出现的关于产品概念或原型的新闻。大部分的众筹平台有一些自动化的工具可供你使用。还要另外给一小部分人以及特定的投资者发送私人邮件，为他们提供更多的详情，而不仅限于常规的“状态更新”。

6. 经常征求反馈：除了你的投资项目，潜在的投资者可能在进行着大量其他项目。很多项目已经成功运营，有些甚至已经大获成功或者已经退出市场。有时，在向投资者寻求投资之前，你最好先向他们征求建议；一个优秀的投资者会让你知道他/她对你的项目是否感兴趣。通过征求有价值的反馈，你肯定可以避免浪费彼此的时间。即便你最后没有获得支票，但是通过改进你的简介和展示，至少提高了在下一个投资者那里获得投资的几率。

7. 建立信任和信心：磨炼自己面对人群以及发言的能力。如果你需要上公共演讲课程，那就去吧。你必须与投资者建立融洽的关系。投资者要信任你，而这直接体现在了你有多信任自己以及你的公司的潜力。好的投资者会敏锐地察觉到你的不确定和犹豫，所以不要认为你可以骗过他们。要诚实、真诚以及热情。

众筹带给创业者的好处

作为一个创业者，你正打算创办一家创业公司。众筹可以为你提供很多重要的帮助。

大量获得资本的方法

在创业早期，你可能会认为，除了自己的人脉以外，获取投资的来源只有被认可的投资者、风险资本家以及银行。其实众筹是获得投资的另一种绝佳选择，并且你不需要放弃任何股权或背负任何债务，只需要简单地提供具体产品或股份，就可以从众筹平台的投资者社群中筹集到资金。

规避风险的方法

开公司是一次风险巨大、极具挑战性的旅程。除了要筹集充足的资金，总是会出现无法预计的意外支出、市场验证的各种挑战以及其他想要分到你的企业的一部分以帮助你启动企业的人。你应该利用众筹规避这些风险，并且把它当作宝贵的学习经验。如今的众筹能够让你获得市场验证，并让你在全力以赴将产品概念引入市场之前避免放弃太多股权。

这也是一种营销平台

一个积极的众筹项目，是将你的创业公司的整体使命和愿景推向市场的绝佳方式，因为它是一种接触到众多顾客的免费、简便的方式。很多众筹平台中也包含了社交媒体工具，借此可以轻松地向潜在顾客或投资者进行宣传。这让你的网站有可能会获得成千的“有机”访问，访问者是顾客和潜在的投资者。这些使用者对病毒式营销也非常重要，因为他们有能力将信息分享和传播到他们的人脉圈中。

它提供给概念的证据

向潜在顾客和投资者展示你的创业公司在早期就已经获得了充分的市场验证，同时让自己也相信这一点，这很困难。然而，众筹使其成为可能。随后的任何天使投资人或机构投资人问的第一个问题，通常都是如何证明你的概念，而获得尊重和信任的一个好方法，就是告诉他们你的公司做过一次成功的众筹。这能够在创业公司的早期阶段把信任和信誉慢慢灌输到企业中，也可能能够验证此次创业机会。

它提供给群众头脑风暴的机会

创业者所面临的最大的挑战之一，是弥补创业公司早期可能出现的所有漏洞。通过众筹项目，你可以让大家都参与进来，并收集他们的评论、反馈以及想法。这种反馈非常有价值，因为它能够帮助你发现你的商业提案中你之前没有想过的某些方面。它还可以为产品或服务激发出新想法，提高成功的机会。

它打造忠诚顾客的基础

众筹项目不仅让你有机会展示一个项目和产品，也能让你分享背后的信息和目的。观察你的项目并决定捐助或投资的人，是坚信从长远来看你的公司会成功的人。本质上，这些人是你的产品的早期使用者。这些早期使用者对每一家公司都很重要，因为他们能够为你进行口碑传播，并为你的公司未来的成功提供帮助。

它是免费的公共关系

成功的众筹项目带来的势头会吸引其他顾问和传统投资者中的潜在投资者，还可以吸引媒体的关注。成功的故事读起来别有趣味，它们总是备受作家青睐。众筹是公司创立早期十分独特而有趣的经历，无数成功众筹的创业者因此获得了更大的成功和更多的曝光率。

它带来预售销量

发起一个众筹回报项目，让你能够预售一个还没有进入市场的产品或概念。这是一个评估顾客和市场反应，并且分析市场以决定是继续抓住这个机遇还是以这个机遇为中心的好方法。而且，在回报众筹项目中，筹集资金的超额部分（收入与产品成本对比）都归你所有，由你根据情况用以发展你的创业公司。

它是免费的

在全有或全无众筹平台上（即只有当你达到或超过筹资目标时，你才能拿到筹集的资金），有许多益处而且通常不需要任何花费。如果你设定了一个目标但没有达到，通常是没有任何罚款的。如果你达到了你的目标，大部分平台会收取总筹资额 5%~8% 的费用。对于股权众筹平台，它们可能收取从投资者那里筹集到的资金的 10%~15% 作为费用。在未来，当股权众筹平台的竞争变得更加激烈时，这种情况或许会有所改变。

众筹的未来

我最近接受了一次采访，记者问我是否认为在众筹的过程中，投资者会被有野心的创业者欺诈。我的回答很简单："投资前完全不做功课的投资者总是会面临投资失败的风险。但是是什么仅仅让少数的天使投资人，甚至是住在这个国家某些地区的风险资本家，有资格成为研究早期投资项目的投资人呢？为什么这些项目不能放在网上，为什么来自美国各地或者说世界各地的投资者不能为下一个谷歌或 Pebble Watch 项目——不管它们所在地是哪里——进行小额投资呢？"

在接下来的几年时间里，你会看到成百上千的投资公司都迫切想要提供股权众筹平台。可能甚至一些超级天使投资人、风险资本家以及私募股权基金都会建立自己的平台，这样他们就能够对发展初期的公司进行小额投资。最终，一切都会尘埃落定，众筹将作为一种主要的融资方式蓬勃发展。如果专家预计与实际相差不大，认为这是一个价值 300 美元的市场，那么在这个新兴的开放市场中，创业者更有可能筹集到更多资金，同时不必放弃太多股权。

创业者洞见

科比、迈克、布雷登是三个年轻的未来创业者，他们从 2009 年开始就一直在探索和改进 3D 打印技术的元素，包括渲染软件。他们分别是工科学生、创业学生和年轻的消防员，都对修补东西很有热情。3D 打印吸引了他们的注意力和想象力。但是他们不理解为什么所有东西都这么贵，价格让人望而生畏。所以他们打算向他人学习，并跟别人分享自己的所学。

经过调查研究后，他们发现，在这个正在兴起的行业中，还没有人有兴趣制造一台普通人有能力购买的低成本 3D 打印机。于是这成了他们的目标。他们发起了一个 Kickstarte 众筹活动，目标是 4.9 万美元，他们对此很乐观。他们把消息传播出去后获得了很多的公共关系。他们的众筹活动在 2013 年 2 月 1 日结束，共筹集到了 649663 美元。从那时起，他们开始制作自己的打印机产品原型，并开始在潜在顾客中测试它。

关键点

你在创业时，有多种融资方式可供选择。你应该仔细考察你的选择，然后选出对你来说最好的融资方式。你要调查新兴的众筹平台，因为这些选择中至少有一种是可以为你所用的。你选出的融资方式要既能帮你获得所需资金，也能保住尽可能多的股权。

Fail Fast Or Win Big

Chapter 08

机遇无处不在

Fail Fast Or Win Big

除了在圣地亚哥州立大学教授创业课程，我也是校内拉文创业中心的一名主管，我还积极加入了当地的创业社区。所以学生和创业者（或者说未来的创业者）经常找到我，向我寻求建议。通常，我对他们的想法本身并没有太大兴趣。相反，我会问他们市场状况、行业状况、主要趋势以及他们最初的目标顾客群。大多数时候，他们不能完全回答出这些问题，我会让他们去搜寻关于他们预期机遇的更多信息。在这一章，我们会从不同的角度来考察机遇，决定创业者可以为这个机遇进行怎样的准备。尤其是我们会讨论以下几点：

- 创业者的“天赐灵感”
- 瞄准一个市场
- 为什么市场状况非常重要
- 机遇的类型

● 寻找机遇的关键元素

"创业者一直在寻求变化，回应变化，

并将其作为机遇加以利用。"

——彼得·德鲁克（Peter Drucker），管理学大师

你能"创造"天赐灵感吗?

美国作家斯科特·博库姆（Scott Berkum）的著作《创新的迷思》（*Myths of Innovation*）中说道，大部分人并不理解创业者是怎样创办新公司的。他讲述了"天赐灵感"的神话，它是夜半时分在创业者脑海中点亮的一盏灯。他告诉我们掌握专业知识的规则：只有在某项技能或某个行业上至少花 1 万小时的时间（平均 7~10 年），我们才可能成为某个领域的专家；此时我们看事情会更清楚，尤其是能看到机会。

天赐灵感是对一种关系的顿悟，是不同想法的融合。但是如博库姆所指出的，只有多年熟悉某个事物，才能获得这样的顿悟。那么创业者怎样才能增加获得"天赐灵感"的几率，从而获得新想法呢？下面列举一些方法：

- **成为你所在领域的专家。**博库姆强调了几个历时数年来解决一个问题或研发一种产品的发明家和创业者。花费1万小时成为一个专家，这听起来像是一个庞大的数字，但是它只有7~10年（按一个正常的工作年算）。对于未来的创业者而言，这个时间可能会更少，因为他们没有正常的工作年。但是不管需要多少时间，你应该运用自己的专业知识和经验来开发新产品或服务。
- **寻找新兴或混乱的趋势。**当杰夫·贝索斯观察互联网的兴起时，他看到了一个销售产品的新的分销平台出现的可能性。他只需要验证在这个新市场中是否有足够多的顾客。他最先通过卖书建立忠诚的顾客群体，为的是可以向他们销售任何其他商品。
- **接触不同的人群。**如果你想获得一些想法，不要总是跟和自己一样的人在一起。如果你有商业背景，那么你可以去跟电影制作人、艺术家、程序员和设计师来往。寻找你们都热爱的事物，分享彼此的想法。从不同的角度看待同一个话题，可以创造出一个有助于你发现下一个想法的健康氛围。

瞄准一个市场

现在假设你想成为创业者，但是你没有一个创业的超赞想法。下面我给你一个思路。与其绞尽脑汁地去想点子，不如彻底地去考察一个规模大且（或者）正在发展的市场；充分了解这个市场的运作方式，这样你就有可能发现问题或机遇。只有到这个时候，你才应该努力去研发那种新产品或新服务。听起来顺序颠倒了？我不这么认为。

最近正好有这样一个绝佳的例子，我以前的一个学生尼克，有一天来到我们的创业中心，跟我谈起他想要创办一家公司。下面是我们的谈话要点，尼克的观点是：

“我想要创建一家公司，而且我记得你说过要关注一个正在发展或正在发生变化的行业、规模大的顾客群体，以及引发这个行业或顾客变化的主要趋势。我最近买了一只狗。我喜欢狗。出于好奇，我对宠物行业做了一些调查，下面是我发现的一些情况。在全美有 7000 万只狗。美国的宠物行业的市场规模超过了 500 亿美元；而且在过去的 20 年里，这个行业每年的复合增长率为 4%~6%，预计在可预见的未来，这个行业还会以那样的速度继续发展。

“大约有 7800 万婴儿潮出生的人，在他们的孩子离家上大学之后，开始养宠物以代替他们的孩子。根据最新的调研以及跟我交流过的人们的说法，婴儿潮出生的人对待这些宠物就像对待自己的家人一样。所以相应地，他们也会为他们的宠物花更多的钱来提供更好的宠物食品和卫生保健。在最近两个月，我走访过 10 多家宠物商店，我注意到一件事，没有一个主要的品牌占领这些商店。宠物商店里似乎在销售大量的产品，产品目录看起来非常零碎，没有一个主要的市场领导者。根据我了解的这些情况，我还不是很确定具体的产品或服务是什么，但是我要创建一家立足于宠物行业的公司。”

我真想到桌子对面给他一个拥抱。他遵循好奇和直觉并且去了解市场。他正在研究顾客，理解主要的趋势。他正在慢慢熟悉宠物行业可能发生的变化。不管这些变化是新型的有机狗粮，是利用新科技追踪丢失的宠物，还是提供更好的宠物卫生保健服务，他所做的正是探索机遇所需要做的尽职调查。

通常，刚刚起步的创业者所缺乏的正是这种对市场信息的追寻。但是，连续创业者似乎已经明白了这一点。

想法很重要，市场更关键

经常有人跟我推销他们的想法。作为拉文创业中心的项目主管，我会倾听学生向我介绍他们的想法，因此，我听过很多有趣的想法。如我在第三章中所讨论的，要想让一个新点子能够运行，你要在目标市场中找到对你的产品或服务感兴趣的特定群体。

我对于规模大、正在兴起或混乱的市场很感兴趣。有一种观念认为，创业者只要有创建一家公司的新想法，有时就能成功，但是据我了解，市场才是最关键的因素。你或许有一个非常出色的想法，但是如果没有明确的市场机遇，这个想法可能也毫无价值。能想出的最糟糕的情况是，一个精妙的点子，却只有 1000 个人可以购买或使用（如果你是太空探索技术公司，这种事情很可能发生）。所以，考虑创业的更好方式是从市场开始，接着才是想法，这个想法通常是解决正在困扰顾客的问题的办法。

听起来像是本末倒置了，但是请跟随我的逻辑。想象一下，拉里·佩奇（谷歌的联合创始人）需要写一篇论文——关于准确的线上搜索数据的相对价值。他研究了每天有多少人使用搜索引擎（数百万），他意识到这个数字只会越来越大。现在他心里已经有了一个大的市场（使用搜索引擎的人群），他想要解决如何得到更好的自然搜索结果这个问题。记住：大市场，大想法。

全美有超过 7000 万只小狗，

7800 万婴儿潮出生的人，

超过 500 亿美元的年产业收入，

你看到任何机会了吗？

举个例子，想一下刚刚提到的尼克的故事。他描述了美国宠物行业的规模，这个行业每年正在以 4%~6% 的速度增长，美国家庭现在拥有 7000 万只小狗。这对于宠物产品来说是一个巨大的市场。如果你留心观察新兴的趋势，例如高端城市狗舍、高质量宠物食品、定位丢失宠物的 GPS 技术，诸如此类，你很可能会找到很多个值得追求的机遇。它们都需要作为可行的商业模式进行市场测试和检验，但是相对于等着半夜获得“天赐灵感”，这种创业方式更靠谱。

如果你有一个想法，那就观察一下潜在的市场。有多少人会购买你的产品或服务？这个市场还在不断增长吗？或者，这个市场因为一些新的发展被破坏了吗？引领购买偏好的关键趋势是什么？如果你今天还不了解，那没关系。选择一个你有热情的市场或行业，做点功课。找准行业，然后充分了解市场，以“看到”现有的问题和机遇。接着，根据所做的分析琢磨出一到两个想法，用产品原型在潜在的顾客中测试你的想法。根据测试结果，改进、专注或放弃这个想法。最后，欢迎来到创业者的世界。

市场，市场，还是市场

如果你对新产品和新服务有想法，就要在市场的情境下考虑这些想法。市场可以是构成一个行业的众多公司，也可以是购物中心等实体场所，或者一个大的顾客群。当你考虑一个潜在的伟大产品或服务，或者是解决当前问题的一种方案时，要把这个想法放到市场当中去。下面是一些你可以问自己的简单问题：

- 我可以在市场里很轻松地测试自己的想法吗？

- 这个市场可以简单定义吗？
- 我可以轻易地接触到市场中的人群吗？
- 这个市场正在成长吗？
- 这个市场是否正在被破坏？
- 这个市场是否是分裂的？

你应该在头脑中记住精益模式框架的前提下，瞄准一个有利的市场，或者为可能不利的市场提前制订好低风险策略。除非你已经理解了市场以及潜在顾客，否则不要把一种商业策略运用到一个想法上。你对潜在市场了解得越多，你就会学得越多。这时你就会发现一些你可以用精益模式框架来测试的东西了，随后你或者会快速失败，或者可能会迅速壮大。

重复，改进，还是开创？

太多的创业者认为要想成功创业，一定要创造出世界上还未出现过的事物。所以他们花费大量时间来考虑关于*寻找*问题或市场的解决方案。其实更好的方法是，关注大的市场（顾客）、趋势以及由早期领导者或技术更替所引起的市场混乱。接着他们可以把精力花费在解决这个市场现在和未来的问题上。

让我用长远的眼光来分析这个问题。如我之前所说的，谷歌并不是第一家搜索引擎公司，苹果不是世界上第一家推出 MP3 播放器、智能手机、平板电脑的公司，脸书不是第一家社交媒体公司，墨西哥风味不是第一家提供墨西哥食品的餐厅，Kashi 不是麦片的发明者，星巴克也没有创办世界上第一家咖啡厅。但是它们有共同点：都超出当前的水准*重复*或*发展*了一种产品或服务。它们根据市场所想、所需对产品进行了改进。

要开发一种*开创性的*产品或服务，需要具备某些极好的、富有洞察力的素质（或是多年的调查和努力）。开创性的产品确实可以创造或改变整个市场，引发行业新生态的发展。冰箱、打字机、手机、个人电脑、互联网等都是这种开创性的产品。在人类历史上，很可能只有几千种产品是真正具有开创性的，而我们拥有数百万种产品。那么为什么还有这么多的创业者认为他们应该创造出开创性的产品呢？难道有一种“创造神话”说创业者一定要创造出世界上前所未见的产品才算成功吗？创业者们，考虑一下在一个广阔的市场中重复现有的产品或服务吧，通常这才是最能推动创业成功的方法。

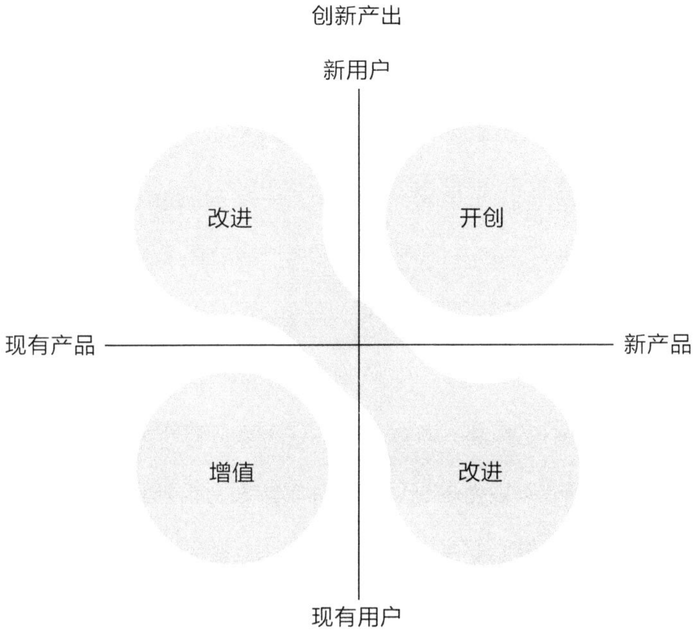

有机增长可以从增长方式的每一个象限中产生。利用这个工具来（a）确认你想要创造的增长范式；（b）找出挑战的范围，配置合适的创新过程；（c）评估自己创新工作的组合。

图 8.1　确认增长机遇的创新产出途径

看一下图 8.1。它为创业者考察现有产品和现有顾客中蕴含的机遇、寻找这个市场中顾客正在忍受的“问题”提供了绝佳的方法。它迫使你了解市场、顾客以及现有的问题，只有到那时，你才能开始研究可能的改进或提升。

举个例子，如果你去了解 Myspace[①] 和当下社交媒体的发展趋势，将其改进成了未来的脸书，这就是发展。如果你考察发展中的电子音乐市场上销售的众多既复杂又笨重的 MP3 播放器，随后你生产出了 iPod。如果你成功了，那么你就可以壮大这个市场，并吸引更多的顾客。

市场的变革是很难完成的。你正在步入的领域是这样的：或是开发出一种新产品，或是为一种此前尚未出现过的产品或服务创造“新”顾客，这正是亚马逊所经历的事情。在亚马逊出现之前，书籍都是在实体书店或通过读书俱乐部进行销售。所以卖书并不是新鲜事，在网上卖书才是新鲜事。通过网络买书，书直接配送到你的家门口，这才是全新的。互联网是*开创性*的，亚马逊是利用互联网以及新的电子商务和分销系统配送已有产品的*发展型*公司。

如果你想创业或者已经是个创业者，你的下一个机遇很可能不是从“天赐灵感”获得。它将来自于考察广阔的、正在发展的或正处于混乱状态的市场。它将来自于了解趋势和确定当下困扰顾客的问题。你应该问问自己以下这些问题，尤其是关

① Myspace：目前全球第二大的社交网站。

于当今的趋势：

- 人们会继续用智能手机购物吗？
- 美国价值 500 亿美元的宠物产业会继续增长吗？
- 时租行业（例如汽车、服务、房间）会继续发展吗？
- 食用有机健康食品会继续作为一种偏好吗？
- 还有什么其他产品可以利用 GPS 技术？
- 14~18 岁这个年龄层的人群通过社交媒体还会购买什么产品？
- 每天有超过 10 亿张照片被上传到互联网上，这会带来怎样的影响？
- 在未来 10 年内，婴儿潮出生的人会需要怎样的服务？
- 年轻人理解并掌握金融投资的重要性吗？
- 将多媒体技术运用到电子书上会带来什么效果？
- 线上教育的未来是什么？
- 对于线上约会服务有哪些地方需要改进？
- 未来的健身趋势是什么？有哪些正在出现？

我想你应该知道我想说什么了吧。不管你热衷于什么，你应该关注现有的市场和顾客，通过重复目前的产品或服务来解决他们的问题。接着通过快速制作原型，在真实的顾客中测试产品或服务。这种调查可能会产生一个可靠的创业机遇。或许，只要走过重复产品或服务的“走廊”，你就可以在前人的基础上创造出优化的产品，甚至是开创性的产品。

寻找机遇的关键因素

为了指导你寻找关键机遇，下面介绍一些观点、工具以及资源。这些可以帮你发现、确定，还可能定位作为市场中的一家新创业公司的机遇。

趋势——你看到了吗？

关于创业的谈话总是会转向关于趋势的话题。在多个行业和众多的顾客群体中，怎样辨别以及追踪如此多的趋势呢？你一定要有极度的好奇心。如果你很长寿，这会让你获益匪浅，年龄和经验让人能够从不同的维度思考问题。话虽如此，但说真的，我对趋势（对比一时流行的风尚）的热情和好奇心是来自于我的品牌建设以及营销经验。

在我职业生涯的大部分时间里，顾客们会赞赏我以及我的营销代理公司，这是因为我们引领他们跨越目前的市场状况，朝着市场未来的发展方向前进。很多时候，我们能够发现新兴的趋势并帮助他们建立新市场。在其他时候，我们重新定位产品或服务，以迎合不断变化的顾客要求或需求。我慢慢学会了将来自于不同渠道的信息创造成多股信息流，以帮助我更好地“看见”趋势的形成。当这些信息合并到一起，我连续一到两年追踪这个趋势，看它是会怎样改变这个行业。我依旧无法理解百视达为什么没有看到线上视频的趋势，他们难道从来不花时间和年轻顾客交流吗?

观察一下自己、朋友和身边的人——他们正在阅读、使用、穿什么。你可以从以下渠道获得这些信息：

- 日报 / 全国性报纸
- 行业刊物
- 你的专业及个人关系网络
- 零售 / 线上环境
- 关于关键的垂直行业的行业报告
- 关于新兴趋势的书籍
- (经常) 跟人们交流
- 贸易展会和重要活动
- 潮流猎人 (TrendHunter) 等线上资源

- 谷歌快讯和谷歌趋势

把趋势信息带给你

我听到了你要说的："我不可能做到你刚才说的所有的事。"不，你可以的。问题是你是否满怀好奇或激情想要改变一个行业——或者甚至只是改变一个社区。没有任何事情是偶然发生的，你可以设计自己的运气。猜猜怎样？成为一个创业者通常意味着艰辛的工作和毅力。

好了，假设我们都非常忙。我们如何利用技术为我们提供信息，或者至少浓缩信息呢？我推荐一种方式，常规地访问一些网站，这些网站或是涵盖最新趋势，或是针对主要的顾客群体或行业提供深刻见解。我会访问他们的网站，订阅他们通过邮件发送的时事通讯《潮流猎人》（*TrendHunter*）。它会追踪趋势，提供关于趋势的多种观点，并且作为新产品的展示柜。此外，你还可以获得关于很多趋势的趋势报告；事实上，他们会追踪成*百上千种*趋势。其他在线使用的行业报告或网站，比如 ComScore[①] 也会就人们在网上或手机上所做的事情提供大量真

① ComScore：全球性互联网信息服务提供商，是美国知名的互联网统计公司、互联网流量跟踪分析公司和市场调研公司。

知灼见。资源到处都是，去寻找它们吧。

大概五年前，我发现了谷歌快讯，我自己也不知道具体是怎么发现的。这项服务太神奇了，通过谷歌快讯简便的注册工具你会创建一个主题，它会给你发送一封针对某一主题的摘要邮件。我每个星期都会收到关于 20 多个主题的谷歌快讯，这些主题都是我正在追踪的。他们涵盖了创业、线上营销、品牌建设这些一般性的主题，也有关于行业层面（例如宠物行业、移动应用）的宽泛主题和特定主题（例如 GPS 宠物定位）。这项服务最好的地方就是它是免费的。

因为你可以选择接收信息的类型（我只选择文章），所以你可以快速阅读你感兴趣的内容，然后删除这封邮件。等到下个星期，会有一批新的谷歌快讯发送到你的邮箱，内容都是你上周阅读完感兴趣的内容。顺便说一句，这种新闻的选择方式也是酝酿中的一种趋势；在未来几年里，我们很可能不再需要搜索互联网和浏览网站获得信息，信息会自动推送给我们。我们现在所了解的网站将越来越没有价值，“定制的”内容分发将成为业界标准。很可能所有的新界面都将包括音频和视频，我确定，现在有很多创业者正在研究这种类型的解决方案。

谷歌趋势是另一种非常好用的线上工具。作为主流搜索引擎，谷歌有它自己的优势，它知道人们一直在搜索的内容。有了谷歌趋势，当你在谷歌搜索引擎上输入一个条目，就可以看到这个条目在谷歌搜索引擎上被其他人搜索的次数。这些搜索数据从 2004 年开始，按照年份、国家和地区进行统计。噢，你还可以相对比较两个条目的线上搜索。尽管关于市场趋势，线上搜索的条目并不具有百分之百的参考价值，也不是百分之百的可靠，但是这些数据能够反映出人们正在寻找的东西。如果你监测这些搜索，就可以获得有关趋势形成的一些苗头。

举个例子，让我们来看一下谷歌趋势所做的奈飞（Netflix）和百视达的搜索对比。时间区间是 2004~2013 年下半年。如果你在 2004~2006 年已经在追踪这两家公司（根据消费者搜索“百视达”和“奈飞”这两个词条的对比），同时也在观察人们在电脑上看电影的趋势，你会注意到这个趋势形成了典型的“曲棍球球棍”形的曲线，并且在 2007 年这个趋势猛然上升，那一年，奈飞的搜索词条在搜索量曲线上第一次和百视达的曲线相交。

这意味着什么？每个人都认为奈飞是昨天才出现的，但是重大趋势的发展是需要时间的。当奈飞以早期的技术使用者起步的时候，他们基本不清楚自己真正的顾客基础应该是 16~30

岁的个人和已经厌倦有线电视费的大众市场人群。奈飞主要的竞争对手原来是百视达，但是百视达已经出局，这个行业已经发生了变化。现在奈飞要不断创新来跟上时代的潮流。再说一句，我希望有线电视行业有备用计划，事实上，这个计划很可能包括了我们今天所知道的整个传统娱乐行业。

理解整个市场

虽然我们指导创业者和学生在创业时要寻找行业里合适的顾客群体，我依旧喜欢研究大的市场。我对市场的定义十分宽泛，它可以是一个大的同类顾客群体，或者是形成一个大的行业的公司群体。顾客和行业始终在变化，所以，通常新产品或新服务进军一个行业，或顾客使用了新产品或新服务，都会带来多重的影响。你必须后退一步，看一看更大的图景，也看清整个市场内部可能发生的事情。

> 当你第一次看到智能手机的时候，
> 你“也看到”移动应用和配件市场了吗？

假设现在是 2000 年，市场上出现了第一批智能手机，早期使用者鼓吹这种产品是下一个最好的产品。我们会主要关注黑莓手机或诺基亚手机。尽管我们十分惊叹，但这些手机的价格非常高，而且相应的移动网络的数据传输速度还比较低。但是历史告诉我们两件事：价格总是会降的；根据摩尔定律，技术产品的更新速度每两年就会加倍。

所以如果快进到 2005 年，我们开始注意到智能手机正在进入更广阔的市场。智能手机的使用者更广泛了吗？现在是什么人在购买？整体的市场怎样？此时，你看到随之而来的移动应用和配件了吗？或者这些市场会发展到多大？ 2012 年，移动应用市场的价值超过 120 亿美元，同年智能手机配件市场的价值据估计超过 200 亿美元。真希望是我开发了“愤怒的小鸟”，或者到 2008 年的时候设计了手机壳——那时 iPhone 的上市真正带动了市场的腾飞。

如果我们在 2007 年通过谷歌趋势查看智能手机的搜索量，可能会看到搜索量曲线开始攀升，这正透露出了巨大的顾客兴趣。这些数据本身并不权威，但是结合所有其他数据和研究，以及与顾客和行业专家所进行的交流，我们会看到这个趋势。接着我们可以利用这种被称为智能手机的新“生态”决定我们能够创办什么类型的企业。

了解主要顾客群体

你有没有考虑大的顾客群？你知道他们是谁吗？到2025年，整个美国千禧世代的人数将超过8000万，也就是说在一个工作场所中，每四个员工里面就有三个是千禧世代。我之前提到过，婴儿潮的人数是7800万，他们并不认为自己行将离世，当然，他们会有这一天，但同时这个巨大的顾客群正在发生变化，并催生了很多新的行业。不管是在健身、健康食品、金融服务、汽车奢侈品、技术产品还是家庭自动化（监控），目前他们正对很多个市场产生着巨大影响。而且在接下来的10~15年里，这种影响还将继续。你对这个群体有几分了解？如果你花一些时间研究婴儿潮出生的群体或千禧世代，你会开始看到在这个消费者群体内兴起的新趋势以及这些趋势涉及的行业。接着，你可以开始分析这些群体会购买什么新产品或新服务了。帮自己一个忙，为了确定主要的趋势，去收集足够的信息。接着问自己，一个创业公司利用其中一两个趋势会有什么机遇，你可能就会大获成功了。

行业在不断变化和发展

对于一个创业者来说，机遇总是存在，你只需要努力地观察某些事物。但是当你寻求机遇时，你需要寻找市场中存在的缺口。我发现的非常有用的工具之一，就是简单的市场象限图。它利用了两种关键的性质（对顾客来说非常重要，并不是对你重要）。你要划分出当前的市场竞争者，如果你已经进入市场，可能甚至会包括你自己的公司。接着，你要寻找主要的缺口，这个缺口可能是以下两种情况中的一种：（1）由于行业参与者，市场正在发生变化；或者（2）顾客需求正在变化，但还没有人发现。

绘制这样一张图表似乎很简单，也确实很简单，但对于了解一个公司在行业中的位置，这个图表可以作为一个非常直观的参考。你制作的这个图表要得到大家的一致认可，否则每个人都各有想法，你就应接不暇了。

下面用一个例子告诉大家怎么运用这个图表，我们来看一下餐饮行业，研究一下被称为“休闲快餐”的这个分支。随着顾客健康意识的日益增强、对食物质量的要求越来越高，这个分支迅速发展，并且现在竞争已经非常激烈。假设你是一个创业者，你正在调查这个市场。你不会想要在市场中与主要竞争对手定位相近或相同。你需要寻找市场的缺口，一个可以在顾客心中获得自己的专属地位的缺口位置。

现在假设你是一家名为墨西哥风味的创业公司。你知道你的竞争对手有：墨西哥餐厅 Rubios，墨西哥快餐连锁 Baja Fresh，塔可钟（Taco Bell）。你注意到顾客想要更健康、质量更好、制作速度更快的食物。因此你以略高的价格定位和略高的食品质量瞄准了一个市场区域。接着你利用竞争优势建立了可靠的商业模式：店面更小，菜单更简单，使用的材料更少，准备工作更简洁，还建立了奖励经理的文化。我不知道你是否能回忆起墨西哥风味出现在你身边有多久了，但是这家连锁店每年收益为 30 亿美元多一点。对于一家 1993 年才开设了第一家销售点的公司来说，这个成绩非常不错。图 8.2 就是我们刚刚讨论过的图表。

当你看到一个新产品进入市场，不要仅仅局限于最初的产品，要问问自己有什么配件、附件、应用、附加产品或服务，可以通过这个核心产品开发出来。我之前也建议过，如果你在新千年早期就已经注意到智能手机，你会看到显示屏上的那些图标吗？你会盯着那些图标说，“什么是移动应用程序？”你会注意到早期看起来很笨拙的保护壳吗？

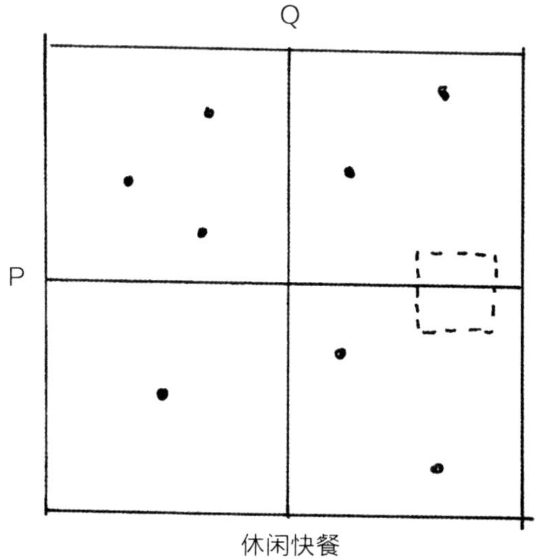

图 8.2　创业公司最开始锁定目标市场图

就此而言，你会想到有一天人们在日常健身跑步时，会把一个设备绑在手臂上？今天市面上已经有大量可穿戴的健身设备，它们能够测量跑步的距离以及消耗的卡路里。

对于你所关注的市场中的每一个新产品或服务，你都可以这样进行分析和思考。几乎所有新产品或新服务在开始时所产生的影响都相对较小（甚至是第一代苹果 iPod 在面世的第一年也无人问津）。但是其中一些产品会开创一个全新的行业分支，这里就隐藏着无限商机。

完美风暴……跨越顾客与行业的趋势

当一个大的目标人群发生重大转变，同时同样的趋势也正在改变或影响着一个大的行业的时候，创业机会的魔力就会显现。举个例子，想象一下，16~30 岁年龄层的人群正在他们的笔记本电脑上浏览网络内容时，内容的分发已经发生极大的转变。

考虑一下前面提到过的 7800 万婴儿潮出生的人，他们购买宠物来陪伴自己，以代替他们上大学的孩子，这种变化也同样对宠物行业产生着影响——宠物健康保险、宠物追踪设备、美国食品及药物管理局认可的有机狗粮、为公寓房客提供的遛狗或寄养服务、新型狗舍服务。这是顾客发展和行业变化一致的情况。这种趋势线（行业“交叉”线）就在那里，你能看到吗？请看图 8.3。

各种各样的机会等待着众多新公司去开发。考虑到美国下一个最大的人群是 18~35 岁这个年龄层的人，也就是千禧世代。观察他们正在形成的趋势或正受他们影响的趋势。不管是音乐、时尚、技术、食物还是娱乐，他们都是破坏者。如果目前处于这些市场的公司不跟上他们的步伐，不倾听这群庞大的消费者的需求，不真正理解这个人群对即将到来的趋势所造成的潜在影响，那么他们将变得无足轻重。那是创业的一个机会。

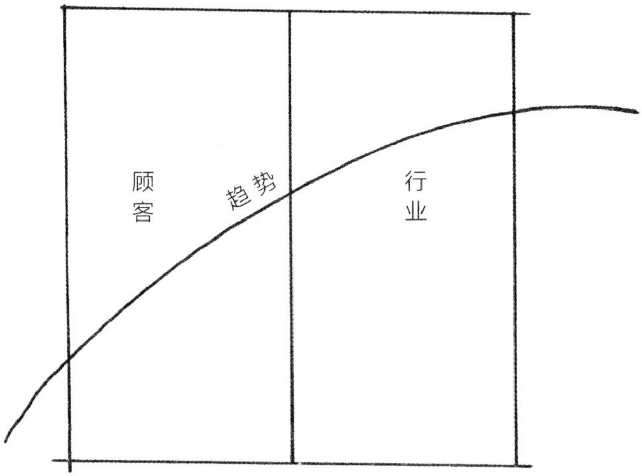

图 8.3　完美创业方案：在同一个市场中，趋势横跨了目标顾客和行业。

创业者洞见

有时候，人们要为没正确认清趋势付出代价。在 1997 年初，我们的营销代理机构正通过完美地交叉顾客、行业以及被称为“电子商务”的趋势给亚马逊“鼓劲”，尽管它当时尚处于早期。

为了更好地了解传统竞争对手如何看待这种新的线上购书方式，我参加了一个重要的图书出版发行贸易展会。在参加了一系列不同的研习会和活动，参观了一些公司的展位，倾听了一些演讲者发言之后，我发现这个行业显然忽视了线上销售的潜力。我站在一家主要公司的CEO身边，问起他对于目前新生的线上图书行业的看法，他回答我说："我们知道顾客想要什么，而且我们正在建总面积达25000平方英尺的门店来满足他们的需求。"接着博德斯书店的CEO就走开了。

关键点

你的周遭充满了各种机会。你应该考察正在兴起、发展或陷入混乱的市场，将你的好奇心和激情融合在一起，尽可能多地收集关于顾客群的信息，以便能够看清机遇，接下来，实践！

Chapter 09

力求速败而大获成功的创业者

一些创业公司*力求速败而大获成功*，而其他创业公司只是失败了，这其中有很多原因。有时候是没赶上合适的市场时机，不是太早就是太晚。而其他情况下，想法是对的，但把想法执行得太差，导致了创业失败。又或许想法是对的，但产品没有成功或有质量问题。一些创业者没有真正设计一套对公司行之有效的商业模式。而另外一些人是没有找到正确的分销策略。最后，还有一些创业者仅仅是卖不出产品或服务。

“不要担心失败；你只需要成功一次。”

——德鲁·休斯顿（Drew Houston），

云端服务 DropBox 的联合创始人

一些创业者几乎能把所有事情做得十分正确，就是没有勇气不懈地追求销量。销售是一切的动力，成功的创业者都有以下几个共同的特点。

首先，他们对自己正在解决的问题或改变一个行业的机会都充满极大的热情。第二，他们在同一个行业或类似的行业都有着多年的经验。这就是说，他们拥有*行业知识或专业技术*，这意味着，他们拥有能让他们很好地理解产品的技能和知识储备。第三，不管他们是否意识到，他们看到了将会影响数百万潜在顾客的市场趋势。第四，他们不害怕失败。我在本书第五章中讨论过对失败的恐惧，简而言之就是：生命只有一次，你的恐惧正是让你停滞不前的东西——停滞在哪里呢？努力在这个世界创造新的事物但没有成功，这不代表失败；失败是甚至都不敢去尝试。

对于那些成功并发展成成功的公司的创业活动来说，大部分人不知道它们在创业初期究竟经历过什么。人们看到的是一个大品牌或者一个成功的公司，他们以为所有公司都是一夜成功或一夜失败，这绝非事实。

创业初期，通常是一些创业公司步入正轨，其他创业公司消亡的时候。为了让你获得更多的启发，我会在这里介绍七家公司以及它们的创业经历，从产品类型和创始人的差异方面来说，它们的背景各不相同。

这些公司努力*快速失败*而不是*大获成功*，其中是有原因的。不过，要记住关键的一点：并非总是*快速成功*。有些公司花了数年时间才抵达一个关键点——或许它们只是太早进入了一个新兴市场。但是正是它们“早年”所做的事提供了一些启发，我希望能够在你的创业早期帮助到你。

Kashi——健康麦片

大多数人都知道 Kashi 是家乐氏旗下的一个主要品牌，但是你可能对它的起源了解得不多。这家公司是加利福尼亚州拉荷亚的一对夫妇——菲利普和盖尔于 1984 年创办的。当时，几乎所有的麦片都添加了过多的防腐剂和糖。市面上几乎没有营养丰富又健康的全谷麦片。

Kashi 的创始人受到健康饮食观念的启发，同时也受到一位亚洲宗教大师的影响。这位大师为他们介绍了长寿饮食的观念以及天然食品、自然疗法和可持续的生活方式。实际上，长寿饮食运动带来和推广了有机食品和天然加工食品。于是，这两位创始人开始创办一家生产健康产品以将其推向市场的公司。

他们试验了很多种谷物，最终确定了由七种谷物和芝麻组成的谷类食品。不过有一个细微的改变值得注意：这些麦片食用之前需要烹制25分钟。创始人认为，要吃到更健康的食品，这是一个可接受的妥协。

为了筹集资金，他们拜访了当地的银行家，但是这些银行家并不是完全支持这个产品或这个商业模式。他们怀疑顾客是否愿意花时间来煮麦片，并且担心创始人对产品分销没有做出现实的预计。这些银行家对健康食品行业即将发生的革命也知之甚少。所以，他们和当地银行家的每一次会面的结果都是一样的：对不起，我们不能贷款给你们。这个时候，大多数创业者都会放弃。你打算投入多少资金来冒这个风险呢？你相信自己能够以这个产品为中心快速行动、四处奔走找到早期的使用者和影响者，并把它引入一个更大的市场吗？

接着菲利普和盖尔做了一个决定，他们打算以自己毕生的积蓄25000美元冒险，开始了这项事业。接下来他们需要做的是想办法把麦片生产出来。他们说服了一家当地制造商，给了他们90天的信用期以制作出初始配方，然后，他们和一家代理收账公司达成协议，这个公司以92美分比1美元的比例购买他们的应收账款发票，以此来帮助他们解决现金流的问题。

创始人开始把他们的新麦片推向当地市场。要知道，这个时候还没有健康食品的概念。他们的目标是朋友、家人以及独立的健康食品商店，但他们发现最开始的反馈让人失望。人们喜欢这个产品，但抱怨它们的烹制时间太长了。两名创始人很沮丧。此时他们面临着两个选择：继续向前并找到一个市场解决方案，或者就此放弃，让投进去的 25000 美元打水漂。

这对菲利普和盖尔来说是另一个非常关键的时刻。他们知道人们需要更健康的饮食，也知道自己的产品对人们来说非常健康，他们决定继续做下去。现在唯一的问题就是顾客。一个关键点是要暂时抛开顾客，研究什么人会*提供*健康食品。经过大量的调查之后，他们开始把自己的全谷物混合麦片卖给减肥温泉疗养地。他们通过积极的问询和个人关系，成为第一批在运动赛事期间发放产品样品的公司，在赛事上分发他们的麦片样品（例如在洛杉矶奥运会上）。慢慢地，出现了一批人数不多但非常忠诚的追随者。运动员、教练员、糖尿病患者、营养师、素食者以及深受心脏病困扰的人群开始成为 Kashi 品牌的核心人群，虽然人数不多，但是在慢慢扩大，Kashi 麦片的销售也为其创始人提供了足够的收益，让这桩生意能继续运作下去。

这家公司发展过程中最重要的因素，是其创始人对于人们想要、需要健康饮食的坚定信念。这对他们来说是符合逻辑的，他们的信念也开始有了回报。这两名创始人不知道，在得克萨斯州有一名创业者也看到了健康饮食的发展趋势，但是他和 Kashi 的创始人一样也面临着相似的问题：各大食品公司占据了大型食品商店的绝大部分货架空间。在 20 世纪 80 年代中期，即便你有很好的产品，食品公司巨头和主要的零售食品连锁店也会让你基本与市场无缘。

所以，得克萨斯州的创业者想到了一个更好的分销策略，将支持和推动正在发展的健康、天然、有机食品市场发生重大变化。这个创业者将独立的健康食品商店联合成为一个全国性的品牌，“全食”就此诞生。当全食发展成一个全国性的品牌并在加利福尼亚州开设了分店的时候，Kashi 也迎来了契合自身理想的新分销渠道。这种新的渠道吸引了更多的顾客到店消费，反过来也给了 Kaishi 一种合法的直销渠道来服务于有健康意识的顾客。销售开始攀升，这让 Kashi 可以引入几种新产品，包括冷麦片。这家公司创办 16 年后，即 2000 年，两名创始人把他们的品牌卖给了家乐氏。他们并没有*快速成功*，但他们确实是*大获成功*。

经验收获

- 相信自己的产品。并非愚昧地固执己见，而是符合常理地相信。上述两名创始人相信食用健康食品对人们的身体有益。这个想法无可争辩。
- 寻找达成目的方法，利用一切方法维持和扩大现金流。
- 追随趋势。尽管他们有点超前于健康食品的趋势，但是他们找到了信赖他们的产品的其他早期使用者。
- 如果传统分销渠道不能接纳你的产品，那么你就去寻找能接纳你的产品的其他销路或合适的商业渠道，寻找其他分销渠道。
- 寻找拥有同样信念的其他人或公司，寻找可利用的机会或分销机会。

韦伯森斯（Websense）——互联网过滤/保护

要想更好地了解韦伯森斯公司是怎样兴起的，你首先要考察其创始人的背景。菲尔多年来都爱捣鼓小发明，而且他拥有技术背景，曾以程序员的身份开始自己的事业。1994年，他多年的技术专业知识有了回报，此时一个被称为“互联网”的小事物正开始进入人们的视野。他最先注意到的事情之一是，当个人或公司在互联网上创建网站时，他们需要一些技术支持。他研究了互联网的基础构造，确定了这些顾客会需要的一些东西：安全的防火墙以及网络安全产品。

这些产品一直由现有的软件公司提供，但一些快速崛起的创业公司也在生产。于是菲尔创办了一家名为 NetPartners 的公司，把其他人的软件产品二次转售给这个正在发展中的行业。由于没有自己的产品，他成为一个认证经销商，并为仍在努力了解新兴互联网技术的公司提供咨询服务。随着其他经销商的大量涌入，他的生意发展稳健，但速度缓慢。

过了一年，菲尔注意到很多公司匆忙上线了自己的网站，但他们并没有真正理解这些举动的后果。他们不仅需要工具和软件来连接互联网，还需要管理工具来维护网站。尤其是当成千上万的新公司建立了自己的网站之后，“网上冲浪”成了一个员工管理上的难题。市场研究发现，员工因个人原因上网的时间占了他们工作时间的 30%~40%。

作为一个技术人员，菲尔看到了这个问题，而且他认为解决方案非常简单：创建一个基于网络的过滤程序，根据网址将某些网站设为*不可访问*。就这样，NetPartners 开发出了自己的第一款产品——韦伯森斯互联网筛选系统。这款新软件可以让系统管理者根据他们购买软件时的支付类别，屏蔽一些网站。（这很可能也是应用“软件即服务”订阅模式的先例之一。）

这家公司开始壮大并且在 IT 经理和系统管理者中获得了良好的口碑，他们会告诉他们的 CIO，如果公司想管理员工的上网权限，这种产品是*必买产品*。菲尔将 NetPartners 从一无所有发展为到 1998 年价值大约 600 万美元的公司，但是他还需要更多的资源来促进公司的发展，推动韦伯森斯软件产品的销售。于是他放弃了一部分股权，引进了大约 600 万美元的风投资金。这让公司可以把资源重新集中到软件开发上，而不再是其他公司产品的一个中间商。

1999 年，菲尔把公司的名字改为韦伯森斯，并继续引入资源发展其他的韦伯森斯产品。到 2000 年年初，公司首次公开发售。韦伯森斯此时已经是一家成熟的软件公司。

韦伯森斯的故事听起来很简单，其实不然。让我们看一下实际情况。它的创始人*不是*资深商人，他是一个程序员。他既没有成熟的管理经验，也没创办过公司。但是他对技术，尤其是软件有着深刻的理解和好奇心。通过观察互联网，他很可能只是认为人们未来需要安全产品是符合逻辑的，而且他注意到互联网技术的中间商是新生的，也并没有比他掌握更多的信息。于是，在没有任何其他商业经验的情况下，他开办了一家代理公司，在仅仅四年的时间里，把它发展成了价值 600 万美元的公司，这真的很了不起。

我们的创始人认识到，准确定位和软件解决方案是成就韦伯森斯公司的关键。换句话说，他实现了从产品代理商到真正的软件公司的蜕变，这个过程不是简单的重复或过渡。那么，他认为这个公司会成功的唯一原因是什么呢？那就是他对技术的深刻见解以及对员工和顾客的观察。他研究了互联网的构造，并找到了薄弱环节。2013 年 5 月，韦伯森斯以 9.06 亿美元被私人收购。真正的胜利在最初的四年就到来了。

经验收获

- 在自己喜欢或热衷的领域，积累深厚的专业知识。上述创始人的技术专业知识在这次创业中得到了数倍回报。
- 留意到趋势，但没有产品？先创办一家公司，为创办第二家公司做准备。这个创始人迅速进入市场，以极少的投资成为一名软件中间商，他了解了很多关于市场的信息，并且有能力发展一项事业。仅仅两年之后，他看到了一个巨大的机会，创办了一家后来成为行业领头羊的公司。

- 知道应该何时转向。早期当他开发自己的产品时，仍然在转售产品。18个月内，他自己的这个产品就成为该公司的最主要收入来源。他放弃了中间商的生意，开始集中所有资源开发韦伯森斯产品，这种专注引爆了韦伯森斯的产品线和收益。

Stone Brewing——手工精酿啤酒

我第一次见到格雷格的时候，应一个学生创业组织的邀请，他正在圣地亚哥州立大学的校园里跟学生交流。我永远不会忘记他说过的一句话："喝啤酒的人就得喝真正的手工精酿啤酒，而不是大公司生产的起泡又低劣的黄啤，大公司从来都不在乎顾客喝什么。"当时我在想，*这个人是谁?*

Stone Brewing 的两个创始人格雷格和史蒂夫来自不同的背景，但是他们对两件事有共同的热情：音乐和啤酒。他们一个拥有音乐工作室，另一个在乐队里演奏。在几年时间里，他们断断续续地见面，1994 年在一所当地大学的一个啤酒制作课程上，他们重新燃起了对手工精酿啤酒的共同爱好。为了获得启示和经验，史蒂夫停下手头的工作，来到另一个州的一家正在发展中的手工精酿啤酒作坊工作，但是他们定期保持联系，讨论怎么手工酿造他们自己的啤酒。

两年以后，他们决定真正地携手合作，开始试验酿造不同种类的啤酒。当自认为已经酿造出了一种好啤酒，也就是后来的 Stone Pale Ale，他们开始寻找投资。他们从朋友和家人那里筹集了足够的资金，用来购买一套 30 桶容量的酿造系统。此后，史蒂夫坚持不懈地改进研制配方，销售工作就落到了格雷格肩上。由于刚刚起步，他们需要把啤酒按小桶卖给当地的酒吧和饭馆。于是格雷格用一个便携手提小桶把啤酒样品带给酒吧的老板和经理。“他们大多数人皱皱鼻子，然后说：‘我们不需要，谢谢！’”格雷格回忆道。

Stone Pale Ale 啤酒浓烈、味苦，啤酒花的味道很足，它是领先于时代的产品。比后来大肆流行的 India Pale Ales（IPAs）等啤酒花味十足的苦味啤酒要早很多年。然而，在 20 世纪 90 年代中期的美国，手工酿造啤酒行业方兴未艾，兴起了像Sierra Nevada[①]、波士顿啤酒公司(Boston Beer Company，旗下产品Sam Adams)、新比利时酿酒公司(New Belgium Brewing Company，旗下产品Fat Tire和Blue Moon)这样的品牌。Stone Brewery开始发展起来的时候，我正在俄勒冈州的波特兰带领威德默啤酒改为瓶装并推向全国。所以尽管当时我对这家1200英里以南，名为Stone Brewery的小公司还一无所知，但我意识到了爆发式发展的手工酿造啤酒行业。仅仅两年的时间，我们让威德默啤酒的收益增长为原来的五倍，瓶装威德默取得了成功，现在它们已经被摆在了食品杂货店的货架上。

因此，如果这个行业分支正在扩张，Stone Brewery所面临的挑战是什么？有两个方面。首先，要想在当地酒吧或饭馆售卖你的小桶啤酒(桶装)，你就得把别的桶装啤酒挤下来。其次，当你的啤酒与众不同又带有苦味时，你得让顾客相信你的啤酒比其他啤酒好。格雷格孜孜不倦地推销自己的啤酒，跟尽可能多的潜在顾客见面。但是，因为没有钱做营销，他们的销售都是一次针对一个顾客、一笔买卖。在1996年后期到1997

① Sierra Nevada：加州最早涉足精酿啤酒行业的公司。

年这段时间，他们每个月都亏损，这两名创始人需要另一轮的投资，朋友和家人再一次救了他们的急，但这可能也是最后一次了。

1997 年，Stone Brewery 推出 Arrogant Bastard Ale（高傲混蛋麦芽酒），有人会说这个名字反映了创始人的态度。但是当你创办一个品牌的时候，你或者代表某种信念，或者没有，而这两个创始人就是在告诉世界："我们正在酿造的手工精酿啤酒就是啤酒应有的味道。"当地社区对他们传递的信息做出了回应，开始购买他们的手工酿造啤酒，在 1998 年年初，他们每个月开始有盈余。

现在他们又面临着另一个问题。销量正在提升，但是他们并没找到当地的分销商销售他们的产品，这该怎么解决？他们买了一辆厢式货车，开始自己发货。顺便提一下，一旦你的销量足够大，这种分销方式获利更多，因为你砍掉了中间商。他们把所有钱重新投入到生意中，专注于怎么做好的精酿啤酒。他们完全没有拿钱进行传统营销，简言之，不出钱营销意味着他们需要有创造性。他们创作了一个滴水嘴兽商标，并给他们的啤酒取了好记的名字。他们在当地的活动中发表言论，尤其是谈论不要喝"黄色劣质啤酒"。他们为当地的慈善活动捐赠啤酒，以获得更大的曝光度。他们还在他们的送货货车外画上了憨笑的滴水嘴兽。

在创业之初，这两个人比他们的竞争对手更努力、工作时间更长，他们坚持不懈地制作他们笃信的纯正精酿啤酒。如今 Stone Brewery 在全美的销售额超过 1 亿美元，他们还计划推向海外。

经验收获

- 当你遇到与自己有相同热情的人，跟他们保持联系。
- 如果在你所喜爱的行业中，你没有足够的专业知识来创办一家公司，那就在这个行业中现有的一家公司里积累经验，这个公司可能是你未来的竞争对手。
- 销售是艰难的。即使一个行业在冉冉升起，但货架空间是有限的。你一定要比下一家创业公司占据更多的货架空间。
- 开发好的产品或许很难，又或许不难，但是让人们接受你的产品是另外一回事。做好讲故事的准备，说服人们你的产品是他们真正想要的质量更好的产品。
- 没有资金营销时，就创建品牌，这意味着这个品牌体现的是你本人以及你的价值。上文中的创始人，无论他们高傲（Arrogant）与否，都坚信自己的产品，所以他们创建了能够展现他们的这种信念的品牌和标识。精良的精酿啤酒，你的产品体现在你身上。

ecoATM——回收你的手机

在圣地亚哥当地的一次社交活动中，我遇见了 ecoATM 的创始人之一迈克尔。当时我对这家公司一无所知，随着聊天的进行，他跟我说起了他的无线网络背景，说起了他曾几次创业的经历，还有近期他和其他创始人刚刚创办了 ecoATM。我问他："你的新创业公司是做什么的？"我以为他会说是一家酷炫的新无线公司，但他告诉我："回收手机。"

在 2008 年年末，三名无线行业的高管——迈克尔、马克以及皮特，每周都聚集在当地的一家咖啡店讨论新的创业机遇，他们每个人或有创办技术公司的经验，或有发展技术公司的经验。（记住，当时正处于一场严重的经济危机的早期。）有一次，其中一个高管提到最近的一项调查，在 6500 个被调查的美国家庭中，只有 3% 的顾客有过回收利用手机的经历。而当时，每年大概有 10 亿部手机被卖到顾客手中。他们问自己："所有这些旧手机会到什么地方去呢？"当讨论这个问题的时候，他们看到了两个机会以及一个主要的好处：机会一是回收旧手机，机会二是将那些还可以用的手机转卖到世界其他地方。主要好处是可以将公司定位为一个环境友好型公司。

一旦认定这是一个值得深入研究的想法，他们就开始调研这个行业以及消费者市场。在每周的会议上，他们每个人都会分享自己自上次见面之后所了解到的新信息。调查中他们发现一个非常关键的事实，平均每个美国家庭拥有 6 部旧手机，它们都静静躺在家里的某个角落。当他们有了足够多的调查数据后，这几个创始人非常好奇地想知道目标顾客是否真的希望这些旧手机被回收。于是他们把一个线上调查工具发给大概 1000 个人。调查结果显示，回收他们的手机要有三个关键的好处，否则就算了。他们需要金钱激励，回收流程要方便，要确认个人信息都被删除。这几个创始人认为，他们需要研究出满足这三个条件的方案。

在另一次每周见面会上，其中一个高管提到，他观察了当地食品杂货店的顾客，他们使用硬币之星（Coinstar）来兑换零钱。那么他们能不能设计一个摊位或回收机来回收旧手机并支付现金呢？他们都认为一个小摊位可以满足他们的条件。于是他们利用接下来的几个月时间，调查各种技术以及摊位的商业模式。由于对设立摊位一无所知，他们整合了他们的资源，找了一家当地的工程公司制作原型。不是要制作最终成型的摊位，而只是一个粗糙的原型。

接着，他们努力同时完成这两个任务。他们找到所有有零售商渠道的人，看他们能不能测试这个原型，还决定让风险资本家看看这个项目是否真的可行。他们明白未来设立摊位需要花费大量资金，于是与在硅谷的风险资本家安排会面。本以为他们的想法会被嘲笑，出乎意料的是，风险资本家们都喜欢这个想法的规模（即市场规模），还鼓励他们去验证市场、收集反馈。

让人吃惊的是，第一批同意把原型摊位放在他们的场地外面的零售商是内布拉斯加州奥马哈市的一家家具店。仅仅几个星期之后，口碑开始建立起来，人们会排队等上 45 分钟来卖掉他们的旧手机，换回一些现金。

市场测试的成功给了他们更多的勇气。这些创始人参加了各种各样的创业竞赛，并在这些竞赛中赢得了超过 3.5 万美元的现金。但他们最关键的举动是参加了一个在纽约举行的摊位贸易展比赛，在那里他们见到了硬币之星的创始人兼 CEO 延斯。他们不仅在展会上赢得“最佳新概念”奖，还和延斯建立了战略合作关系。*ABC 新闻频道*对他们也进行了报道，乘着公共关系的东风，他们联系到了当地的风险资本家，获得了第一轮投资。其中就有硬币之星的创始人延斯，这让这家初出茅庐的公司获得了更合法的地位。这次融资让他们可以设立更多的摊位，并开始和主要的合作伙伴建立销售关系。经过另外两轮风险投资，以及三年成功的市场发展，2013 年，ecoATM 被 OuterWall（前身是硬币之星）以 3.5 亿美元的价格收购。

经验收获

- 将这三名创始人联系在一起的是他们所处的共同的技术行业以及创业经验。他们定期见面，并用一致又稍有不同的视角探讨问题，这让他们能够看到任何人应该发现的东西。你定期和什么人见面呢?
- 他们偶然发现了一个宏大想法和一个更大的市场，但他们在潜在的风险资本家和顾客中检验了这个想法和市场。
- 快速生产出简单的产品原型，这让他们能够测试技术是否到位，观察使用这个摊位的人们。

- 一旦他们意识到硬币之星是行业领导者，就通过参加大型摊位贸易展会活动，确保这家公司的领导层看到他们的摊位。
- 他们非常谨慎地和硬币之星的创始人建立了关系，该创始人对这家创业公司的投资为其带来了迫切需要的信誉。
- 通过几次参加创业竞赛，他们获得了当地和全国性媒体的关注——免费的公关。

ProFlowers——鲜花送货上门

1994年，杰瑞德还在上大学的时候就创办了自己的第一家公司，主营互联网接入、主机托管、应用服务提供等业务。1994~1996年，互联网还处于发展初期，但有一部分人已经意识到这将是一项极具颠覆性的技术。（其他人看到一个“可爱的”网站很可能会说“我们为什么需要互联网”？）像杰夫·贝索斯这样的人看到的，则是可以引爆销售的基础设施技术。尽管这个大学生还要等到四年以后才会创建ProFlower公司，但杰瑞德已经接受了互联网技术，并早早看到了它所带来的机遇。

毕业后，杰瑞德回到自己的家乡——科罗拉多州的博尔德，他们家经营着一家专门制作贺卡和出版的蓝山艺术（Blue Moutain Arts）公司，他回家帮忙管理公司的销售。然而不久之后，他建议公司在网上建立自己的品牌。很快，他就建立了一个网站（BlueMountainArts.com），并开始进行营销工作，希望能够扩大生意。当他调查人们在网上和实体店中购买的物品，尤其是为节假日购物时，不由自主地注意到人们会为各种场合购买大量鲜花。于是他开始调查鲜花市场。鲜花的年销量是多少？这些鲜花的进货渠道是什么？为独立花商供应鲜花的中间商是谁？为什么鲜花只能保持三到四天？这个创始人考察了给全世界供应鲜花的行业巨头，研究他们的商业模式。

在他收集了足够多的信息之后，撰写了几份观察报告。第一份讲的是鲜花种植者收入微薄。尽管哥伦比亚供应了全球75%的玫瑰，而南美国家的鲜花种植者在实际交易中获得的收益却是最低的。第二份讲的是在美国销售的鲜花中有多少是进口的。第三份是关于鲜花从摘下来到送达顾客手中需要的时间。另外有一份报告指出美国玫瑰销量的70%都是在情人节。最后的这点信息最终成了ProFlowers诞生的关键因素。

这个年轻人相信他正在做正确的事情。他总是追求效益，并在这个潜在的创业机会中看到了几个获得效益的苗头，然而，他需要用市场来检验这个想法。他找到一家可以为他提供500束玫瑰的花卉农场。1998年的2月13日，通过网络推广，他卖掉了所有的玫瑰，并让旧金山的花卉市场在情人节那天送达。当时市面上一打花的售价是50美元，他以接近五折的价格把花卖了出去，一打花只卖29美元。这个想法试验成功了。他设想了一种全新的供应链结构，它非常简单：顾客在线上订购了他们的鲜花，花卉种植商就会代表ProFlowers把花运送过去，这样就没有了中间商。这个创始人只需要花费一点资金就能建起这个新的网站品牌和供应链。

通过快速行动，杰瑞德把自己的股份卖给了自己之前所在的公司，来为这个新的花卉事业筹集资金。接着，仅两个月后，他推出了ProFlowers网站。最开始，营销策略是把这些花卉推广给蓝山艺术的顾客。（两年前当他推出BlueMountainArts.com网站的时候，并没有打算在线上销售问候卡，他想建立品牌以推动零售贺卡的销售。但是有意思的事情发生了。由于没有产品可以在网上销售，他创造了电子贺卡——免费的线上贺卡。在接下来的两年中，大概有540万人发送或接收到了蓝山艺术的电子贺卡。这就是他在1998年4月用来创建ProFlowers.com的线上数据库。）现在，这540万人收到了一份给别人赠送花朵的邀请。这个公司在接下来的几年里迅速发展，2003 年他把公司改名为 Provide Commerce。2006 年，Provide Commerce 被以 4.77 亿美元的价格卖给了自由媒体集团[①](Liberty Media)。

经验收获

- 当你意识到一项新技术或一个新市场正在兴起，你要在其早期阶段尽快做点什么，任何事情都可以。当你知道自己真正想创建什么的时候，就利用已经获得的东西来实现你的目标。
- 在大市场里追求效益。这个创始人总是关注比当下市场中运行得更有效的商业模式。
- 如果你能通过供应低成本的产品吸引线上顾客或访问者，那么你可以利用这个资源来卖畅销商品。我们的创始人利用了一个拥有 540 万访问者的数据库创立了他的下一个企业。
- 如果你对一个大市场非常好奇，深入钻研会让你走进这个市场。我们的创始人研究了花卉市场，从花卉种植者

---

① 自由媒体集团：是世界六大媒体集团之一，同时也是新闻集团的第二大股东和时代华纳的最大股东，总裁是约翰·马龙先生。

到最终的顾客。在这样深入的研究中，他看到了机会和效益。

- 大胆一点。这个创始人在 1998 年情人节的测试中创造了轰动效应，也获得了新闻报道。同时这次市场测试也让行业和潜在顾客知道有人可以直接和花卉种植者进行交易。我相信没有一个行业的 CEO 会如此关注在他们看来只是一次推广活动的事件，博德斯也是以同样的眼光看待早期的亚马逊的。

Wahoo's——不止是墨西哥鱼肉卷

如何避免做你父母不想让你做的事情？首先，你可以尝试做其他任何事情。但是有时候你也是所受教育的受害者，你真的对那些可以成就伟大事业的事没有丝毫激情（并非感到无趣），你真的想享受生活，而不是把生活过得像工作一样。好吧，最后这一部分才是最难的。但是如果你能做自己喜欢做的事，那么工作起来是不是就不像是在工作了？实现这一点太难了，但这正是 Wahoo's 创始人三兄弟所做的事情。

他们的父母来自中国，后来移民到日本，随后又去了巴西，在那里开了一家中国餐馆。三兄弟每天都在餐馆里帮忙。1975年，他们全家搬到了加利福尼亚州的奥兰治，父母在那里开了另一家中国餐馆。随着三兄弟一天天长大，他们经常到海边冲浪，成了冲浪爱好者。父母每天依旧工作很长时间，并告诉三兄弟，他们应该去上大学并成为成功的专业人才。父母说餐馆的生意不适合他们，他们应该努力学习。于是，这三兄弟上了大学。他们分别学习法律、医学和工程。有一年暑假，他们旅行到墨西哥冲浪，并喜欢上了墨西哥鱼肉卷。他们从来没吃过这种鱼肉卷：新鲜的烤鱼，外焦里嫩，旁边摆着米饭和豆子。他们爱上了这样的旅行，希望每年都可以来一次。

大哥最先毕业，当上了医生；最小的弟弟还没有毕业；老二则走了一条略微不同的道路，他非常享受大学的课外生活，以至于有不能毕业的危险。经过认真考虑之后，他将主修专业从工程转到了金融，后来拿到了金融学位。随后他接受了一家航空航天公司的职位，并在那里工作了三年，没有一刻不是煎熬。他唯一的乐趣就是去加利福尼亚州冲浪，依然很喜欢这里的墨西哥鱼肉卷。

有一天，三兄弟在奥兰治的一个非常火爆的海滩上冲了一天浪之后，正考虑去哪里吃点东西。他们想吃一些非油炸的健康食品，且对经典快餐不感兴趣。却发现当地没有一家能吃到健康食品（就像他们在墨西哥吃到的鱼肉卷那样）的地方，真是太遗憾了，他们认为一种融合了墨西哥、巴西、亚洲风味的食品在这里肯定会大受欢迎。在接下来的两个星期里，他们一致同意仿照在巴西和墨西哥吃到的那些食物开一家餐馆，要尽可能地提供健康食品，非油炸，饱含新鲜食材，他们所需要的只是资金。

这原本不是一件容易的事，他们找到了父母，告诉他们自己的想法。想象一下他们的父母的反应吧。父母辛苦经营饭馆生意数年，就是为了送三个孩子去上大学，让他们可以像专业人士一样过更舒服的生活。但出乎意料的是，他们的父母竟然同意提供资金让他们去开办第一家饭馆。于是三兄弟在 1988 年开了第一家门店，离奥兰治的顶级极限运动公司只有几分钟的路程。由于对冲浪者和冲浪行业有着特殊的感情，他们认为开一家以冲浪为主题的饭馆，可以吸引和他们一样热爱生活、冲浪以及优质食品的人。

两位哥哥开这家饭馆的时候，最小的弟弟还在上大学。由于想用最新鲜的食材，却没有足够的钱订购送货上门的鱼和农产品，所以在前两年，他们都是一大早就去市场进货，购买当天开饭馆所需要的材料，然后提前把它们准备好。一个兄弟专管运营，另一个专管营销。他们的营销活动包括在冲浪比赛现场发品牌贴纸，免费为获胜者提供食物，尽可能地吸引冲浪和滑板的核心人群。

他们的努力获得了回报，饭馆生意慢慢有了起色。有了第一家饭馆成功的基础，他们在加利福尼亚州的拉古纳海滩开了第二家饭馆，并招了一个人来经营这家饭馆，这是他们做的最明智的一次招聘。这个经理后来成为 Wahoo's 的首席运营官，他曾经做过当地饭馆的顾问，为三兄弟的生意带来了运营专业知识，这促进了他们的快速扩张。他还和一家有信誉的金融机构谈判，获得了较多的信用额度，这让餐馆在业内打响了品牌。如今 Wahoo's 在几个州已经拥有 65 个门店，并且还在继续扩张。三兄弟一直活跃在公司的经营中（董事长、首席财务官、营销副总裁），也一直保持着冲浪的爱好。

经验收获

- 热爱你的工作，做你热爱的工作。因为这三兄弟是在饭馆中长大的，他们了解这个行业。如果你想进入一个竞争非常激烈的市场，必须了解自己的行业。

- 时机。在 20 世纪 80 年代晚期，在加利福尼亚州展开了一场轰轰烈烈的健康食品运动。Wahoo’s 既满足了冲浪、滑板人群的需求，同时迎合了想以合理的价格享用健康食品的人群的需求。
- 找到世界上某个地方的特色产品，看看能否将其带到世界其他地方。
- 做好努力工作的准备。最成功的创业者都是通过努力工作获得了他们应得的成功。

钻石——极限运动领导者

这个极限运动品牌的创始人是三个从小就迷恋冲浪和滑板文化的人。在他们二十岁出头的时候，进入了极限运动行业。1989 年，理查德在极速骑板（Quiksilver）的营销部门工作，该公司于 1986 年上市。塔克在极速骑板的销售部门工作，而托姆是一个平面设计师，他已经创办了一家专注于年轻品牌的营销机构。

三个人是在冲浪的时候认识的，他们看到了在极速骑板和 O’Neil 这样的公司里穿戴西装领带或“商务休闲装”的其他冲浪者，也注意到万斯（Van’s）等鞋类品牌的发展，它们好像就要卖断货了。他们三个都意识到，这种以激励人心和时尚生活为方向的冲浪/滑板文化正在成为一个巨大的市场，涌现出了很多他们热爱的品牌。

在他们去太浩湖的一次滑雪旅行中，发生了一件触发钻石诞生的关键事件。在极速骑板公司做营销的理查德正专注于拍摄一部展示冲浪行业的影片，1991年初春，他和极速骑板的前销售人员塔克（他刚刚被解雇，此次是跟着理查德过来度假）一起去太浩湖考察这项叫作滑板滑雪的新运动，他们正准备拍摄一部聚焦于这项新兴极限运动的短片。

他们两个多少被太浩湖的滑板滑雪场景震撼了。滑板滑雪者是一派狂野不羁、朋克味十足的形象，带着叛逆和反权威的态度。作为城市街头的滑板滑雪者，他们总是被打断，被居民和警察看作讨人厌的人。现在他们是在山上，很多滑雪胜地已经慢慢有禁止滑板滑雪的倾向，而某些景点已经禁止了这项活动。专业的滑板滑雪者已经厌倦“厉害的人”和所有的规则；这是发自肺腑而又原生态的，给人感觉像是一场酝酿中的变革。但是那个周末又下了50英寸的雪，理查德和塔克于是又被大雪困了两天。正是在这两天中，他们围绕着创立一个新的极限运动品牌迸发出了许多想法，这个品牌要能够浓缩他们亲眼所见、切身体会到的叛逆。钻石就这样诞生了。

理查德没有马上回去工作，而是打电话给他的老板，说自己还要在山上再待一个星期。两个星期后，他辞去了在极速骑板的工作。他向父亲寻求帮助，靠着借来的5000美元，公司启动了。理查德和塔克找到了第三个合伙人托姆，他是一个平面设计师，由他开始设计公司的品牌“对抗传统的青春”（Youth against Establishment）。经过多次尝试、失败和无数次的设计，托姆设计出了“石头”作为钻石品牌的形象化商标。现在这三个创始人对他们在创业公司中的职责进行了分工，理查德负责产品开发和分销，塔克负责销售，托姆负责品牌和营销。

唯一的问题就是他们没有产品，没有能够代表这个品牌的酷炫设计，但是他们喜欢这个商标以及它所代表的品牌，于是他们制作了便签，开始把这些便签送给朋友、冲浪和滑板爱好者，甚至送给当地的滑板和冲浪商店。他们没有产品，只有便签，这种状态持续了将近一年。令人惊讶的是，它在社区里引起了轰动，最终他们用一些原创的T恤衫启动了创业。他们开始开车在各种冲浪和滑板活动中销售自己的产品，把公司运营得更像是在做公益，而不是做买卖，第一年的销售额只有2600

美元。当资金开始耗尽的时候，理查德的父亲，也就是最初的投资人，开始插手了："如果你再不努力，你们的公司大概三个月就会完蛋。我不会再帮你或保你了。所以，你最好自己想办法解决。"

这番话让理查德一下清醒过来。他们继续努力，从当地的商店那里获得了更多的订单。他们参加贸易展会，并接下了他们甚至还没有的产品的订单。他们组建了一个可能是最好的滑板滑雪团队，包括一些来自日本的专业人士。滑雪滑板在日本正蓬勃发展，而这正是他们和一个日本分销商之间的一个潜在联系，他们计划在一个贸易展会上接触这个日本分销商。结果，这个日本分销商下了一份 3.2 万美元的订单。唯一的问题是钻石没有足够的现金生产这份订单要求的产品。这个分销商同意提前付款，让他们可以生产这批订购的产品。

这三名创始人非常惊讶。尽管他们把钻石定位为囊括所有极限运动的新品牌，但最终还是滑板滑雪市场推动了钻石的发展。第二年他们的销售额超过 171000 美元。钻石正在变成一个有价值的品牌，更重要的是，它成了一家货真价实的公司。

在接下来的几年里，这三名创始人处理了许多发展问题。他们把冲浪竞争时采用的竞争规则运用到商业事务中。建立了一个战略计划，并将其贯彻到底。他们下定决心解决了运作和产品的问题。钻石并没有仅仅成为一个冲浪品牌，或一个滑板品牌，再或者一个滑雪滑板品牌，而是发展成了一个在“对抗传统的青春”口号下联合了所有极限运动爱好者的品牌。随着这个行业的发展，钻石也在不断壮大。事实上，它在 2005 年进行了首次公开招股发行。2011 年，一家欧洲公司以 6.07 亿美元收购了钻石。

经验收获

- 成为一个专家和了解行业知识非常重要，即便是滑冰、冲浪或滑板滑雪。你的专长领域是什么？
- 当你看到某个看起来像是一个新兴的趋势或一次变革的时候，你要看看它能否快速发展并被加以利用。钻石在发展成一个坚实的品牌之初，就借助了“朋克”的滑板滑雪者的力量。
- 任何人都能创建一个品牌，但极少有人能创建一家公司，两者都需要与关注你的顾客结成联盟。要创建一家公司，你需要销量。
- ABM——坚持做营销（always be marketing）。在没有产

品的情况下，钻石在一年的时间里一直分发画着商标的贴纸，这种做法有点疯狂，但它确实引发了轰动。

- 从环境中学习。他们从狂热的起点一路发展成大公司，在这个过程中，这三名创始人都留意观察并就职于万斯和极速骑板这样的公司。所以，尽管创建一家新公司可能具有挑战性，但它对其创始人来说并不陌生，他们活在这个行业里，见证了“普通”人创建公司的过程，他们所依凭的就只是纯粹的热情。你的热情在哪里？

Chapter

10

如果你想创业，就行动吧

市面上有很多关于创业的书籍，也有无数你可以参加的研讨会，但这些都无法让你成为一个创业者。当我回顾我的职业生涯，回忆我见过的数百个创业者，并思考是什么让我成为了一个创业者时，我看到了几条交织在一起的线索。这些线索贯穿本书，但我还是要再简明扼要地重复一遍。

第一，你要成为你所要进入的市场或行业的专家或是对其抱有极大的热情。还记得第八章的评论吗？要成为任何一个领域的专家，都需要花费1万小时。

专家拥有更多的选择和机会。你是什么行业的专家？

第二，你要适当去冒险。如果你年轻并且一无所有，可以说，你没有什么东西可以拿去冒险。如果你有强大的专业技能并且是某个领域的专家，你就随时能够运用你的专业技能为别人工作，那为什么不冒这个险呢？如果失败了，你还是可以再成为一个高薪的雇员。

在九年的营销职业生涯之后，我放弃了高薪的工作，冒险创办了一个新型的综合营销代理公司。如果我们失败了，我们总是能够回头做之前所做的工作。但是我怎样降低自己的风险呢？我了解这个行业，我有非常全面的营销技能。

第三，创建一个伟大的公司需要一个杰出的团队。在我遇到最终成为我的搭档的其他三个人的时候，我真的花了一段时间来了解他们的强项和弱项以及我应该怎样让整个团队形成互补。团队内部的相互信任也十分重要。不管你最终建立的是哪一种公司，对伙伴的信任对于公司的成功和发展而言意义重大，虽然最开始时信任他们可能会比较困难。

第四，为了成功，你必须愿意比别人工作更努力，比过去的自己工作更努力。在我营销职业生涯的头一年，我每周工作七天，用周末的时间学习怎样使用复杂的计算机系统，这些系统能让我创造出见解深刻的调研报告。这让我成了公司最有价值的员工之一。钻石公司的创始人之一托姆·迈克尔罗伊谈到过，在钻石公司真正发展起来之前的将近八年时间里，他是如何同时做着两份工作的。你愿意付出多少努力呢？

* * *

我并非天生的创业者。在我职业生涯的初期，曾帮一家小公司发展成了一家收益接近3000万美元的大公司。这家公司当时只是一家个人所有的私人公司，随着公司的发展，其他员工开始闹情绪，他们想要更多的东西，他们想要加薪，想要这家越来越有价值的公司股份，他们总是抱怨着一切。最后我告诉身边的人："想开一点，这是创始人的公司，他并不打算跟别人分享。如果你们想要一家公司的股份，那就去创办一家公司，别再抱怨了。"

那些员工继续为他人打工。虽然对于为一个永远不会和我分享他的公司的创业者工作我没有意见，但这也在我心里种下了两颗种子：首先，像这个创业者一样，我将来也可以在自己专长的领域创办一家公司；第二，和这个创业者不同，我会和我尊重并且信任的一群人一起创办一家公司。所以在我的职业生涯的前七年里，我发展了自己的营销专业技能。在随后的两年，我寻找机会和合适的人。有趣的是，当你知道你要寻找的目标时，很快就能够找到。

* * *

如果你想成为一名创业者，你要考虑清楚你的专业领域是什么。你有什么专业技能？你能将自己的专业技能运用到一个行业或一个新兴的市场中去吗？一个杰出的团队应该是怎样的？

如果你不知道自己所去何处，那么条条大路通罗马。

我见过很多成为真正杰出的创业者的人，他们并不特别，他们所做的最重要的事情就是他们去*做*了。他们不会摆出一副创业者的样子四处闲逛，也不会在创业者周末活动中扮演一个角色，他们只是默默地努力解决问题或者满足一个大市场的需求。他们接触优秀的顾问，不断地寻求建议和顾客反馈。他们的自负（不要把自负理解成自信）极少，而且他们相信正确（并不一定是最好的）的想法*和*最努力的工作才是获得成功的必要因素。他们认识到，有时工作最努力的团队才会得到回报，所以他们不会轻易放弃。他们调整、发展、重点出击，有时候这能够奏效，一个新公司就此诞生，有时候这并不会奏效。但是这些创业者明白，人生没有退路，所以他们将要享受这个过程。

毕竟，如果他们失败了，总还是能再找到工作。

在这总结性的一章里，我会给那些想要成为创业者的人最后一点建议。

创建一家公司来资助另一家公司

假如你在市场中看到了一个大机会，但是你还没有能力或财力去创办一家理想的公司。你应该怎么做？你可以创办一家公司来资助另一家公司。下面是两个例子，一家大公司和一家小公司，这在本书之前的章节提到过。

- **以卖书起家，发展成电子商务零售商。**亚马逊的杰夫·贝索斯是一个目光远大的人，他想建立世界上最大的电子商务公司。虽然他以卖书起步，但他的目标是快速发展，并获得数百万的顾客。这个目标一实现，他就会成为世界上最大的线上零售商。最终，这个策略成功了。
- **通过在线销售有竞争力的产品来创办一家真正的公司。**亚当开始是在网上销售产品，这些产品质量上乘，极具竞争力，但它们是以七五折或更低的折扣进行销售。亚当用大约 100 种产品就实现了每年大约 300 万美元的线上销售额。

这个公司为创始人赚了足够的现金来创办一家太阳能产品公司，他几年前就有此打算。现在这家新公司自有的独特品牌产品已经从线上销售发展到了零售分销。

创始人创办新公司，团队建设企业

在开始发展自己的事业之前，我认为任何成功的公司都只需要有一个杰出的创业者掌舵就足够了。这个人对公司非常了解，独自创办公司和运营公司。后来我了解到，从来就没有这样的事情。如果创业者非常狂妄自大，我会告诉你这个公司的选择非常少。最好的创业者能够将公司的愿景清楚地描述给他人，并拥有吸引他人加入公司的热情。他们能慧眼识英雄，拥有能将与自己有相同热情的人招至麾下的杰出技巧。真正的创业者明白他们只擅长一两种事物，所以他们需要吸引最好的人来帮助他们建设一个真正的企业。

以下是有潜力建设杰出团队的创业者所应具备的特征和特质：

- 不自负，但是对自己有强大的自信。
- 不太把自己当回事（皇帝可用不着求人）。
- 良好的沟通能力。

- 良好的倾听者，因为他们会提出很好的后续问题。
- 不贪心，他们明白如果创办了一家杰出的公司，每个人都是赢家。
- 出色的职业道德。
- 明白事情的轻重缓急。
- 即便受到攻击，也能保持镇静（就算他们内心并非真正冷静）。
- 具有能吸引别人追随的诚挚热情。

这绝不是一张完整的清单，但是成功的创业者都会表现出这些特质。我时不时会遇到一些奇怪的创业者，不论年龄大小，他们看起来都非常自大和傲慢，我很想知道他们为什么一定要这样。这种态度会营造出一种负面的氛围，这样的氛围绝对不会带来长久的成功。我想历史已经证明了我是对的。

对那些有出色想法同时想创建一支同样优秀的队伍的人，下面是我对于团队建设的建议：

- ABL（always be looking for great people）——不断寻找出色的人。
- 尽可能地发展多元化的人脉网；有一天你会用到。
- 当你认为发掘到一个人才时，做好尽职调查。你不需要四处挥霍股权；让人们自己去挣。

- 把所有的事情都书面化；预期要清晰，沟通要明了。
- 当一个领导者，不一定要当一个严苛的管理者；用榜样的力量来领导别人。
- 找到值得信任的人，和他们一起创建团队。
- 诚挚待人；不要故意让别人因失败出丑。
- 动员和激励人们；没有人想失败。
- 对人们负责，做艰难的决定。

独立创建一个伟大的团队，以及我希望的一家伟大的公司并非易事。你的人脉、顾问、导师、工作经验、个人价值观和专业技能都能给你提供支持和洞见。以自己想被对待的方式对待别人。不要关心工作的头衔，要谦逊有礼。生活是一次旅行，所以至少要享受这个过程。

导师真的很重要

早年（15~27 岁）我并没有导师。直到今天，我也没有。我身边只有真正优秀的人，我能信任他们、向他们寻求意见。但大概在我 27~45 岁这段时间，有三个导师激励我步入年轻时梦寐以求的事业中，他们的影响将贯穿我的一生。他们规范我，给我建议，为我提供咨询，激励我，并推动我前进。

每个人在生活中都应该有一个导师，在几乎他们的事业的每一个阶段都应该有，这是非常宝贵的。那些对话、聚餐、滑雪旅行都是我生命中起决定性作用的时刻，让我铭记于心。我可以诚实地说，没有我的导师们，就没有我今天的事业，这很可能也是我今天为什么要指导这么多创业者的原因之一。我的导师将毕生所学传授给我，而从来没有期待任何回报。这令我非常吃惊，他们为什么要关心*我*呢？

要维系与导师的关系，一定会发生一些令人惊叹的事情。

两个人需要彼此信任，是真正彻底的信任。这听起来简单，但并非易事，想维护良好的师生关系可能比维系一段婚姻还要困难。因为导师会用你的配偶永远看不到的角度看你，大部分配偶不会从可能会影响你事业的角度看到你的错误，但是和导师的对话，通常都非常直接，几乎不带一丝人情味，甚至可能会诚实得有些残忍。导师会帮助你消除弱势，强化优势，阻止你犯一些“为事业设限”的错误。他们会是一块绝好的回声板，会让你思考，让你有责任感。而且，他们也希望能成为你的朋友，尽管这只是附加项。

如果你现在正在发展自己的事业，或者正准备创办一家公司，谁是你的导师？如果你没有导师，不要仅仅去寻找那些看起来有名望的人或社区中的知名人士，你要寻找一个能够真正在事业上帮助你的人。这意味着，这个人在你的专业领域资历深厚，或是你想要创业的领域的行业专家。你想要的是专家意见，而不是一个拿来炫耀的新朋友。超越自负，考察谁才是你需要留在身边，推动和支持你迈向下一个生命新高度的人。

创业是一种思维

我在圣地亚哥州立大学教一门关于创造和革新的创业课程，每节课学生们都要解决一个问题。大多数时候，他们只有35~40 分钟的时间用来想出解决方案（他们必须描绘或建立解决方案），然后他们要在全班同学面前展示这个解决方案。不管是复杂问题还是简单问题，我们都处理过。他们几乎没有任何资源，除了他们自己，但是他们想出来的解决方案特别出彩。

我在校园里见过和指导过的学生创业者也会为他们的问题找到精妙的解决方案。他们之所以如此足智多谋，是因为他们没有钱去找别人解决这些问题，所以他们必须依靠创造力。他们吃的是“芝士通心粉”和日本拉面；他们知道自己处于生态系统的底层，所以他们觉得自己没什么可失去的，只需要向前冲，他们不怕失败。

这种精益思维也正是你在开始创业时所需要具备的。面对任何资源，你都应当时刻保持这种心态。因为你很可能没有足够的钱去做每一件你想做的事，因此，你最大的资产就是“利用”。无论是办公场所、技术还是人脉，利用一切可利用的资源。精益的思维，精益的行为，想想会怎样？如果你用这种方式行动，那么你就能够办成事，而且你身边的其他人也会变得足智多谋。

当我离开与苹果合作的营销机构，加入到后来成为我的合作伙伴的新公司 CKS|Partners 时，我思考了在与苹果以及之前所有营销机构合作过程中的收获。现在，我想象自己和其他公司共享一家办公楼的办公室（这里曾是李子罐头厂）。这里没有报销账单，没有私人办公室，我挣的钱是之前薪水的 1/3。

如果是你，你会怎么样？你会很紧迫，比你的竞争对手更加紧迫，你会更加努力地工作，更加明智地工作。你花的每一分钱都是你自己的，所以你会很节省。我们很拼命地工作，其乐无穷，最后建立了一家价值 10 亿美元的公司。

所以假设自己不会有足够的资源或任何资金来建立自己的公司，那就接受并拥抱这一现实，不要把它当成一个支撑或一个借口。把它当成一种能够推动你快速向前的优势，用自己的方法生产出能够用于市场测试的产品原型。你应该采用精益思维方式。

学会倾听

作为一个创业者，你要经常倾听顾客的心声，关键是不要依赖顾客*告诉你他们的需求*，很多时候他们自己都不知道，或者他们可能会告诉你他们想要什么。我从来不期待一名顾客会确切地告诉我他/她想要（或需要）什么，但是花足够多的时间和顾客相处，就可以了解顾客不想要和不需要什么，或者可以了解到顾客对于竞争对手的产品的所有好恶。顾客真理就是你的真理，你要学会倾听和观察。

顾客并不总是对的，但是他们从来不会错。

提到史蒂夫·乔布斯这个名字，没有人会感到陌生。我们公司和史蒂夫合作过许多年，包括他在 NEXT 公司、皮克斯以及苹果期间都有合作。不管你对他有怎样的评价，他都几近疯狂地“成为”苹果内部的顾客的灵魂和声音。这就意味着，他是代表顾客跟苹果的员工、设计师和工程师对话。他非常善于与顾客相处，钻研竞争对手的产品以及一次又一次地看到机遇。他的部分天才之处就是他能够将顾客的启示和新兴的趋势结合在一起。他一直对将要发生的变化十分感兴趣，对可能影响顾客行为的趋势也非常关注。

所以，顾客共同的心声就是你的真理，忽视这些将置你于困境。当我想到有些创业者设法创办公司，却完全忽视顾客的真正需求时，我几乎为此感到悲哀。他们认为：“我要创造一个伟大的产品或服务，如果顾客视而不见，我就逼他们接受。”当然，他们失败了——并且他们还能列出种种借口。真正的原因是什么？那就是他们不懂得倾听。他们没有倾听他们的顾问、他们的雇员或他们潜在的顾客的想法。市场中没有傲慢的余地；请带上谦逊的帽子。你要根据反馈和市场上正在发生的变化，随时准备调整你的产品或服务。

关注市场和趋势

我的营销职业生涯的一个副产物就是，我没法不留意市场和趋势。大部分人看不到他们身边正在形成的趋势。但学着去发现这些趋势，将它们和大的市场匹配起来，那么你就几乎能够“看到”人们可能需要的下一个产品或服务了。

如果你在 2000 年初就注意到网飞公司，你能相应地预测到百视达的消亡吗？我会说，是的。消费者的行为趋向于在电脑屏幕上观看内容，25 岁或更年轻的人群很可能甚至不看电视，他们在平板电脑、笔记本电脑或手机上观看节目。罗库公司（Roku）[①] 和苹果 TV 都不需要售后修理工，甚至不需要售后服务车。

下面我介绍几个市场或行业，你可以留心观察，机遇就蕴含在大市场中。你只是需要一个大的想法，或一个小的想法。下面的排名不分先后。

- 宠物行业：仅仅在美国，宠物行业在 2013 年销售额就超

① 美国流媒体公司，主打产品为流媒体机顶盒。

过 500 亿美元，而且目前没有任何迹象表明这个产业会萎缩。此外，趋势是父母用宠物来代替家里上大学的孩子。现在，有超过 1.5 亿只猫狗生活在大约 7800 万个美国家庭中。人们希望能够为宠物提供更好的食物、智能的技术、基于城市的服务，所以在接下来的 20 年里，这个行业还会继续发展。

- **云技术**：独立软件已经没有未来。远程访问应用程序和服务则方兴未艾。电子邮件、社交媒体、工作平台、电子商务，一切云技术看起来都非常好。我们将迎来看起来会令我们的生活更美好的智能云端解决方案，但是代价是什么呢？哦，我们的隐私将荡然无存。
- **大数据**：如果我们所做的任何事情都会存入云端，一切都以不同的形式存在网上，这就产生了非常多的数据。谁会把这些数据转变成信息？谁能创造智能的仪表板，让这些数据变得有意义？一些行业分析人士声称到 2017 年大数据产业的规模会增长到超过 400 亿美元。
- **可穿戴设备**：我们对于我们可以监控的设备特别着迷，可以预见未来它们会带来更多利润。目前市面上的几种健身产品可以就你的心率和血压给出重要的诊断，未来的产品会根据你的身体素质和病史发出警告。这并不是说，我想要一条文字信息通知我，根据我持续的高血压，我可能会有心脏病，但是我确实认为我会喜欢这种产品。

- **远程监控**：7800万在婴儿潮出生的人会抗拒死亡的想法，但是最重要的趋势是，当他们垂垂老矣，想住在自己的家里，这就意味着他们需要当地社区的照料和远程视频监控。亲人可以亲切地“探访”，看看一切是否安然无恙。可穿戴设备和监控设备让卫生保健应答器变成一种迫切需求。这看起来似乎是一个公平交易。
- **智能手机平台**：我们称之为“手机”的这些东西真的是有史以来最好的计算机。随着时间的推移，它们的功能会越来越强大。这就意味着其他的产品或服务（例如Square）都将成为这台手持电脑，不，是智能手机的内置服务。
- **移动应用**：我并不想让自己听起来奉承或是傲慢，但是现在还有人为个人电脑设计软件解决方案吗？一切都是移动应用，都是在智能手机上操作的。未来十年，专业应用甚至是一次性应用都将得到很好的发展。

- **社会事业**：这是我的万能牌。我不是十分确定这个领域会怎样发展，但是大约有 8000 万的千禧世代（到 2025 年）似乎真的非常关心一切社会问题，不管是衣食住行的哪一方面。环境和可持续发展对于这个群体而言非常重要，但是他们现在还没有任何力量或资金，一旦他们有了，将改变这个大时代。
- **健康快餐**：美国快餐行业已经深陷泥潭之中。麦当劳已经在走下坡路，而其他任何健康、自然、有机的食品都在蓬勃发展。千禧世代不经常做饭，也不在乎匆匆忙忙吃个饭。现在快餐车非常流行（也会继续流行），但是你要关注能够速食（或外卖）以及能够在家里烹制的真正的健康食品，那比一边看电视一边吃昨天冰箱里剩下的晚餐要好得多。
- **租赁 / 分享**：2012 年，《华尔街日报》进行了一项调查，采访了 500 个 21~30 岁的成年人，了解他们所拥有的最重要的东西。选项包括房子、汽车、智能手机，超过 80% 的受访人认为手机比房子和汽车更重要。这意味着什么？千禧世代想要活在当下。他们把生活看作是活在当下的旅行，而不会等到退休的年龄才追求自己想要的东西。他们会按照最新潮的方式旅行、吃饭以及打扮。这就是为什么像即行和优步这样的服务能够在未来10年中成为生活常态。接下来我们会租什么呢？

- 3D打印：这又是一张万能牌。一家行业分析公司SmarTech预测，3D打印市场的价值到2018年将达到51亿美元。如果没有亲眼看到有人真的用一台3D打印机重新制作了一个门铰链（用来替换坏的），我怎么也不会相信它。这个行业必定会发展。未来会有3D打印店，人们可以到那里去根据一张图片或画稿定制某样东西。想想Ceramic Café吧，用的不过是3D打印机。
- 电子商务市场：我们非常欢迎电子商务，未来也是如此，但是我不认为亚马逊堵住了市场。我一直在观察Etsy，他们发展得不错。制作“独特的”事物（例如Betabrand[①]服饰）的公司也发展平稳。专门从事和提供某种类别的优质产品的“专门”的电子商务公司未来也会大有可为。

① Betabrand：美国限量服装饰品定制平台。

推荐阅读

人们经常问我都阅读什么。我有点贪心，什么都读。我每天都会阅读《华尔街日报》。此外，也会订阅几种杂志，我每周会收到关于 20 多个不同主题的谷歌快讯。由于我在圣地亚哥州立大学教授几门创业课程，所以也会经常阅读由学科专家或行业专家编写的教材和大众图书。我认为我们永远不能停止获取知识，而读书或实践就是获取知识的最好方法。

有一些书对我影响非常深刻，我认为阅读这些书籍非常有价值，不仅是对创业来说，而且对于了解创建品牌和创立伟大公司的其他要素也极有价值。现在我把这些书分享给大家。

《魅力品牌效应》(*Brand Gap*)，作者马蒂·诺伊迈尔(Marty Neumeier)。如果你是一个创业者，你需要了解你的公司的价值所在以及顾客对它的看法和感觉。我人生的大部分时间都花在了支持、营销或创建品牌上，这和创办一家公司并不完全一样。你可以“看见”一家公司，但你真的不能“看见”

一个品牌的灵魂，因为顾客对产品的感觉是最重要的。这本书写得很好，每个创业者在考虑公司的名称、商标、广告语或网站设计之前都应该看一看。

《商业模式新生代》(*Business Model Generation*)，作者亚历山大·奥斯瓦尔德和伊夫·皮尼厄。这本书是2011年圣地亚哥州立大学的另一位教授推荐给我的。建立和重复一个商业模式并在顾客中验证，直至尽可能快速失败，这种方式是多么简单而有力，这完全改变了我对于商业计划书的思路。现在我鼓励潜在的创业者不要去写商业计划书，而是利用这本书中介绍的商业模式画布工具。

《点石成金》(*Don't Make Me Think*)，作者史蒂夫·克鲁克(Steve Krug)。作为一个创业者，不管你正在建立网站、开发手机移动应用或是处理任何可能涉及与用户互动的事务，你都需要对优秀的用户界面设计有所了解。这本书是一名设计师为市场营销人员写的，但是每个创业者也应该读一读。它会让你在和用户界面设计师交流的时候更有效率，避免犯一些可能严重影响公司收入的重大失误。这本书文字简洁，配有大量图片和实例，不失为一本好书。

《突破瓶颈》(*E-Myth Revisited*)，作者迈克尔E·格伯

（Michael E. Gerber）。这本书的前提看起来似乎简单，但真的能帮助创业者了解他们会如何毁了他们的新公司。它告诉创业者自己在公司中应该扮演什么角色，尤其是明白自己的长处和短板。如果你正在考虑成为一个创业者，或对自己在现有创业公司中的职责感到模糊不清，那么这本书值得一读。

《创业者》（*Founders at Work*），作者杰西卡·列温斯顿（Jessica Livingston）。创业者应该读这本书，这样你就能明白在一家创业公司内，没有什么是完全按照计划进行的。应该根据对市场和顾客的倾听，随时准备好围绕这个中心进行调整。在亚马逊公司和雅虎公司的创业初期，我曾给过它们一些帮助，我可以告诉你，我们一直在不断地修订计划。阅读这本书，你会了解一些著名的创业公司在发展的过程中经历的主要问题，以及他们如何部署公司的发展重心，在你陷入创业的混乱阶段之前，这些能够给你一些安慰。

《人性的弱点》（*How to Win Friends & Influence People*），作者戴尔·卡耐基（Dale Carnegie）。我的第一位导师一定是发现我完全不懂沟通技巧和社交的魅力。他不仅让我阅读这本书，还送我去上了一个为期六周的课程，这改变了我与人沟通与联络的方式。

《定位：头脑争夺战》（*Positioning: The Battle for Your Mind*），作者阿尔·里斯（Al Reis）和杰克·特劳特（Jack Trout）。大部分人从来没有真正理解营销、定位和品牌建设是如何发挥作用的。这本书能极好地帮助你理解：你对顾客所说和所做的一切并不是最重要的，最重要的是你给顾客的*感觉*。其中有一章讲的是如何在一个竞争激烈的市场中创建一个全新的分类梯子，这对创业者而言极具价值。

《搜索引擎营销》（*Search Engine Marketing Inc.*），作者迈克·莫兰（Mike Moran）和比尔·亨特（Bill Hunt）。2008 年末，在与一家搜索引擎营销创业公司的 CEO 兼创始人见面时，我注意到他们公司的前台堆放着这本书，至少有 100 本。我问这个 CEO 为什么买这么多本，他告诉我，每一个员工、供应商、合作伙伴、董事会成员和顾问人手一本。他把这本书称为搜索引擎优化的圣经。他说得没错。每一个创业者都会受到搜索引擎的结果的影响，因此在做任何线上生意之前，请先阅读此书。

《销售巨人》（*Spin Selling*），作者尼尔·雷克汉姆（Neil Rackham）。在我营销职业生涯的早期，有一天我的第二个导师忽然把我叫到一旁，直截了当地对我说："你完全不懂怎么做销售。”接着他做了一件令我吃惊的事。他给我报了一个关于促销的周末研讨班，而这改变了我的人生。我开始从不同的角度看待我的家人、朋友、客户以及同行。作为一个创业者，你需要了解不同类型的人群，真正领会“想要”和“需要”的区别，这种能力非常重要。相对于推销东西给他们，你要让人们主动来找你买东西，在这方面这本书会帮你做得更好。

《引爆点》(*Tipping Point*)，作者马尔科姆·格拉德维尔(Malcolm Gladwell)。作为一个营销专家，我明白让新产品或服务首先聚焦早期的使用者和影响者非常重要，然后这部分人群会影响其他人也考虑购买这个产品。

阅读这本书让我明白了，为了在市场中制造一个“引爆点”——也就是让产品或服务的销售大幅提升的点——所需要做的事情，所需要瞄准的人群。像谷歌和Facebook这样的公司，它们早期并没有进行营销，它们明白瞄准早期的影响者可以真正引领市场使用一种产品或服务，直至大众市场的使用者在没有营销的情况下也了解到了这个产品，这些公司都是得益于此。这本书值得一看，因为它能够帮助你理解市场中潜在顾客的生态环境以及如何制造潜在的引爆点。